融媒时代
高校思想政治教育
理论与实践探索

钮雪林 ◎ 编著

RONGMEI SHIDAI
GAOXIAO SIXIANG ZHENGZHI JIAOYU
LILUN YU SHIJIAN TANSUO

中国传媒大学出版社
·北京·

前　言

近年来,随着5G、微芯片、大数据等通信技术迭代突破,新媒体产业与移动应用消费市场空前繁荣,造就出如微博、微信公众号、抖音、知乎、小红书等一众新媒体平台产业“野蛮生长”,催生了强大的新媒体浪潮,促使“内容为王”的传统媒体与“流量为王”的新媒体走到了融合发展的关口。传统媒体自始至终都在内容与思想的深度、科学性和权威性上占据优势,但传播的媒介、技术却不足以适应现代生活的技术需求。因此,将新媒体技术同传统媒体内容相结合,成为媒体运行新的特征和方向。融媒时代的到来乃势所必然。

面对融媒时代袭来的“知讯风暴”,高校思想政治教育工作该如何应对?这是摆在高校思想政治教育工作者面前的一个全新的时代课题。对此,习近平总书记曾指出,“随着5G、大数据、云计算、物联网、人工智能等技术不断发展,移动媒体将进入加速发展新阶段。要坚持移动优先策略,建设好自己的移动传播平台,管好用好商业化、社会化的互联网平台,让主流媒体借助移动传播,牢牢占据舆论引导、思想引领、文化传承、服务人民的传播制高点。……推动媒体融合发展,要统筹处理好传统媒体和新兴媒体、中央媒体和地方媒体、主流媒体和商业平台、大众化媒体和专业性媒体的关系”。

2020年7月,中共中央、国务院印发《关于新时代加强和改进思想政治工作的意见》指出,要深入开展思想政治教育、推动新时代思想政治工作守正创新发展、构建共同推进思想政治工作的大格局。要“巩固壮大主流思想舆论,坚持正确政治方向、舆论导向、价值取向,把思想政治工作融入到主题宣传、形势宣传、政策宣传、成就宣传、典型宣传中，落实到党报党刊、电台电视台、都市类报刊和新媒体等各级各类媒体，不断提高新闻舆论传播力、引导力、影响力、公信力”。由此，高校思想政治教育工作创新愈发显得关键和重要，而“融媒思政”正是解决新时代如何培养人的问题之创新举措。

近年来，我们紧紧围绕“如何运用融媒思维开创高校思想政治教育新局面”主题，针对融媒时代高校思想政治教育的挑战与机遇、融媒时代高校思想政治教育应对与变革、融媒时代高校思想政治教育主流意识形态话语权掌握、融媒时代高校推动思政教育载体提档升级、融媒时代高校促进思政理论课程再造设计等问题开展研究，积极探索融媒时代高校思想政治教育的新路径、新方法、新举措，为高校开展思想政治教育提供经验参照和成果借鉴，切实提升高校思想政治教育的实效性。

目录

第一章　绪　论

第一节　研究背景和意义

一、研究背景

（一）融媒时代势不可挡

免费、订阅、推送、精准、热搜……近年来，随着移动设备和网络覆盖速度的更新迭代，整合电脑技术、网页制作、多载体转播、数码传输等技术的媒体产业正在进行一场巨大的裂变，围绕“智能手机＋移动网络”这一典型标配，各类新兴媒体轮番上演信息竞赛。谁的内容更吸引读者关注，谁的技术更满足客户体验，谁的平台更符合消费者习惯……新媒体在市场中“野蛮生长”，在创新中“艰难求生”，在服务中“百花齐放”，比如我们熟悉的微信公众号平台、今日头条、看点快报、腾讯看点、一点资讯、微博、知乎、网易媒体平台、搜狐开放平台、企鹅媒体平台、UC 大鱼号、简书、百度百家等。新媒体因其便利、精准、海量等独特基因在全球席卷，对传统媒体如报纸、杂志、书籍、电视等造成了强烈冲击。中国政法大学新闻学院院长陆小华指出，移动互联网时代不只是增加了新渠道、平台和产品等，还改变了人们需求与消费的行为方式，推动了传媒的竞争逻辑随之发生演变。[①] 字节跳动中国区 CEO 张楠在演讲中表示，截至 2020 年 8 月，包含抖音火山版在内，抖音的日活跃用户数已经超过 6 亿，这意味着每天有将近一半的中国网民都在使用抖音。

面对如此强劲的新媒体浪潮，传统媒体何去何从？实际上，很多传统媒体早已经提前应变，借壳新媒体实现了传统业务的华丽转身。虽然新媒体来势汹汹，但是在“内容为王”的媒体逻辑面前，新媒体既离不开也取代不了传统媒体的资源优势。传统媒体自始至终都在深度、科学、权威性上占据优势，因此，新媒体技术同传统媒体内容相互融合、携手发展成为媒体运行新的特征和方向。拓尔思北京新闻出版事业部总经理林松涛提出，运用新技术构建全媒体化的业务流程，搭建“媒立方”，把传统媒体的内容生产优势与新媒体的速度和广度优势相结合，实现了内容产品从可读到可视、从单一终端体验到多终端综合体验。[②] 媒体融合还可以将各个传媒平台和机构的产品和服务相结合，使其变成富有多种表现形态的新型舆论信息。这些信息更能引起公众的浏览兴趣，传播范围和效果也会相应扩大。

新媒体铺天盖地、无孔不入，传统媒体若即若离、如影随形。传统媒体和新媒体相互融合、优势互补，在合作中竞争、在竞争中合作，“你中有我，我中有你”的格局——“融媒”已成实然之态、必然之势。融媒将是我们每个人都置身其中、无法回避、必须正视的环境，融媒时代已经并将长期成为我们工作、学习、生活的宏大背景。

（二）高校思想政治教育面临新形势

思想政治教育作为高等教育的“生命线”，决不能脱离社会和高校的时

---

① 专家析中国媒体发展趋势：融媒体时代正到来［EB/OL］.（2016-07-10）［2022-03-20］. http://www.cankaoxiaoxi.com/china/20160710/1225238.shtml.

② 专家析中国媒体发展趋势：融媒体时代正到来［EB/OL］.（2016-07-10）［2022-03-20］. http://www.cankaoxiaoxi.com/china/20160710/1225238.shtml.

代变化独立存在和发展，而是随着社会的发展变迁呈现出鲜明的时代特点。在新的时代境遇下，经济全球化和“逆全球化”的趋势交织叠加、错综复杂，价值多元化和民粹主义的观念碰撞激烈，网络虚拟空间和社会现实生活若即若离，人们处于充满不确定性的生活情境之中，高校思想政治教育也面临着无可避免的时代变局。“世异则事异，事异则备变。”这意味着，当下及今后相当长的时期，高校学生思想政治素养的提升与发展和高校思想政治教育的策略必然要发生变化。面对融媒时代袭来的“知讯风暴”，高校思想政治教育该如何应对？这值得每一位教育工作者深思。

1. 高校思想政治教育愈发关键和重要

2020 年 10 月，党的十九届五中全会深入分析了我国当前和今后一个时期将面临的机遇和挑战变化。面对百年未有之大变局，新一轮科技革命和产业变革深入发展，和平与发展仍是时代主题，我国已转向高质量发展阶段，持续发展具有多方面优势和条件，同时发展不平衡不充分问题仍然突出。① 这些优势和成果如何进一步巩固和扩大，问题和挑战如何攻坚和克难，人才资源是最根本的保障。

2016 年，习近平总书记在全国高校思想政治工作会议上指出，教育强则国家强。高等教育发展水平是一个国家发展水平和发展潜力的重要标志。党中央作出加快建设世界一流大学和一流学科的战略决策，就是要提高我国高等教育发展水平，增强国家核心竞争力。② 当前，我们必须清醒地认识到，思想政治素质是最重要的素质，高校人才培养最为重要的一环就是思想政治教育。思想政治素质体现了一名大学生对待工作、生活、事业的态度，

---

① 党的十九届五中全会公报速览[EB/OL].(2020-10-29)[2022-03-20]. http://www.xinhuanet.com/2020-10/29/c_1126672860.html.

② 习近平：把思想政治工作贯穿教育教学全过程[EB/OL].(2016-12-08)[2022-03-20]. http://www.xinhuanet.com/politics/2016-12/08/c_1120082577.htm? agt=8.

是一个人理想信仰、目标追求、政治觉悟、道德品质等方面的综合素质。科学无国界,科学家有祖国。同样,知识、技术无国界,但大学生有祖国。正如爱因斯坦所言,“用专业知识教育人是不够的,通过专业教育,他可以成为一种有用的机器,但是不能成为一个和谐发展的人”①。今天,我们高校培养的学生不能仅有知识、技术,还必须要有情怀,有担当,有抱负,致力于国家富强和民族复兴,投身中国特色社会主义宏伟事业。

大学生处在人生的一个特殊时期,他们普遍有着较为系统、全面、专业的科学文化知识和技术,但从人生的阅历来说,他们的经验并不丰富,还没有广泛而深入地接触社会,没有系统深刻地思考过自己的人生。因此,他们不但对社会的认识具有很大的片面性,对自己的人生、生命的认识也有很大的局限性,很容易被纷繁复杂的社会现象和良莠不齐的媒体表象所迷惑。高校学生可塑性强,正处在确立世界观、人生观、价值观的关键时期,高等教育工作必须高度重视加强大学生思想政治教育,这不仅关系到学生的人生道路和个人发展,更会影响我国社会主义现代化建设事业的顺利进行。

当前,高校思想政治教育显得愈发关键和重要,党和国家也高度关注。2020 年 4 月 28 日,《教育部等八部门关于加快构建高校思想政治工作体系的意见》明确提出在新时代复杂背景下高校思想政治工作的定位和方向,以习近平新时代中国特色社会主义思想为指导,全面贯彻党的教育方针,坚持和加强党的全面领导,坚持社会主义办学方向,全面提升高校思想政治工作质量。尤其强调把坚持以马克思主义为指导落实到教育教学各方面。②

2. 高校思想政治教育环境日益复杂

新全球化背景下,整个世界被形形色色的社会思潮所包围,高校学生早

---

① 刘峰. 浅谈加强大学生思想政治素质教育的重要性[J]. 思想政治教育研究,2004(4).

② 教育部等八部门关于加快构建高校思想政治工作体系的意见[EB/OL]. (2020-04-28)[2022-03-20]. http://www.moe.gov.cn/srcsite/A12/moe_1407/s253/202005/t20200511_452697.html.

已不是象牙塔中的孤岛，而是“时时、处处、人人”无不受到良莠不齐之思想观念影响侵蚀。物质主义、拜金主义、虚无主义、功利主义、个人主义、后现代主义、消费主义、民粹主义、泛娱乐主义、激进左派、文化保守主义、新自由主义、普世价值论等思潮此起彼伏、潮起潮落，无孔不入、挥之不去。随着全球网络信息技术的发展，网络空间的虚拟、便捷、去中心化消解了这些不良思想的传播限制，使得大学生无保护地直接面对纷繁复杂的世界，极易成为不良社会思潮传播的突破口。大学生群体独立思考能力和判断能力相对较弱，容易受到不良思潮的影响和蛊惑，极易“耳濡目染、误入歧途”，产生偏激、愤怒、不满的情绪，不经意间成为某种错误观念的“忠实”践行者。

2016 年，北京大学心理健康教育与咨询中心副主任徐凯文做过一个《时代空心病与焦虑经济学》的主题演讲，在演讲中他用“空心病”来定义一种在学业有成的高才生中常见的新型心理障碍。2012 年，北京大学钱理群教授提出，一些高校正在培养一批“精致的利己主义者”——学识丰富、精通世故，善于利用各种有利条件去达到自己的目的。高校学生在人生观、价值观、世界观上暴露的问题值得我们警惕，加强高校思想政治教育刻不容缓，不容有失。

如今，面对以“在线网络 + 移动客户端”为典型特征的融媒的蔓延与发展，高校思想政治面临的环境更为复杂而具有挑战性。2019（第十八届）中国互联网大会闭幕式上，中国互联网协会发布了《中国互联网发展报告（2019）》。报告显示，截至 2018 年年底，我国网民规模达到 8.29 亿，超过全球平均水平 2.6 个百分点，其中以高校大学生为代表的年轻一代是网络“原住民”，移动网络已经成为高校学生的生活必备品。2018 年，iiMedia Research（艾媒咨询）发布的《中国大学生在线休闲娱乐行为监测分析报告》数据显示，中国高等教育在校生人数达到 3968.9 万人，连续 5 年保持增长，大学生手机网民人口也逐渐增加。iiMedia Research 数据显示，44.9% 的大学生每日手机上网时间为 3—6 小时，12.5% 的大学生上网时间达到了 6 小时以上，超半数大学生上网时间较长，均超过 3 小时。[①] 同时，大学生生活水平提高、网络环境变迁、上网场景多样化、便捷度提高、Wi-Fi 覆盖范围广、校园生活需求增多等因素极大地强化了休闲娱乐 App 在大学校园的必要性，休闲娱乐 App 的校园市场潜力巨大。

一方面，融媒能有效地帮助教育工作者传递正能量，弘扬主旋律；但另一方面，西方敌对势力、错误思潮也会借助融媒对当代大学生“全面渗透、终身影响”。显然，经济和社会的发展变化为高校思想政治教育的创新提供了难得的机遇和条件，也提出了许多亟待解决的新情况、新问题。如何认清思想政治教育面临的这些新变化，既是对我们认识能力的考验，也是对应变能力、创新能力、学习能力的考验，更加需要我们对融媒加大研究，运用其技术，掌握其规律。《教育部等八部门关于加快构建高校思想政治工作体系的意见》也指出，高校思想政治工作不能回避网络，而要学会积极拥抱网络，因势利导，以我为用，占领高地。同时强调要“加强网络育人。提升校园新媒体网络平台的服务力、吸引力和黏合度，切实增强易班网、中国大学生在线等网络阵地的示范性、引领性和辐射度，重点建设一批高校思政类公众号，发挥新媒体平台对高校思政工作的促进作用。引导和扶持师生积极创作导向正确、内容生动、形式多样的网络文化产品”[②]。

2016 年，习近平总书记在全国高校思想政治工作会议上指出，做好高校思想政治工作，要因事而化、因时而进、因势而新。教育工作者要充分领会高校思想政治教育发展和改革新要求，积极探索融媒时代落实立德树人根本任务，把思想政治工作贯穿教育教学全过程，实现全程育人、全方位育人，努力开创我国高校思想政治教育发展新局面。

---

① 周健锋，方杰. 社交网站支持对大学生社交网站成瘾的影响：有调节的中介模型[J]. 心理技术与应用，2021(5).

② 教育部等八部门关于加快构建高校思想政治工作体系的意见[EB/OL]. (2020-04-28)[2022-03-20]. http://www.moe.gov.cn/srcsite/A12/moe_1407/s253/202005/t20200511_452697.html.

二、研究意义

(一)理论意义

当前及未来高校学生思想政治素质发展和高校思想政治教育定位已经并将发生明显的改变。面对新的时代境遇、新的要求和使命,高校思想政治教育工作者何为?思想政治教育研究者何为?这值得每一位高校人深思。作为高校思想政治教育理论研究者和实践探索者,我们务必对当下融媒时代如何更好地开展高校思想政治教育工作高度重视,以面向未来的勇气反思思想政治教育现实、诊断思想政治教育问题、建构新时代思想政治教育理论。

本书以全球新一轮科技革命和产业变革加速演进,人工智能、大数据、物联网等新技术新应用新业态方兴未艾为研究背景,结合互联网技术最新发展动态,深刻剖析融媒技术对社会传播格局和人们思想观念的广泛影响,充分认识新技术、融媒等工作机理,充分认识当代学生的认知特征和发展路径,充分挖掘和思考如何利用和发挥这些新媒体新技术的正面价值为高校思想政治教育服务;分析概括融媒时代高校思想政治教育新理念、新思维、新认识等,对融媒时代高校思想政治教育的改革与创新进行梳理、总结和提炼,形成理性认识,为新时期做好思想政治教育工作提供理论指导。

(二)实践意义

当前,各高校都把加强新时期思想政治教育放在重要位置,但是在具体落实和操作中,还面临着一系列新问题、新挑战。比如,如何实现新媒体的融合以及新媒体与传统媒体的跨界融合、协同创新?如何适应融媒时代新型思政教育工作队伍?如何进一步掌握新媒体技术、建立新媒体思维?如何进一步丰富和提升思想政治工作的载体和途径，改变“封闭式”“灌输式”的单一传统教育模式？如何处理好思想政治教育在大环境、大系统、大交往中的冲突和激荡，让思想政治教育的空间借助融媒不断拓展和延伸？这一系列问题，成为高校思想政治教育普遍存在的痛点和焦点。

本书紧紧围绕“如何运用融媒思维开创高校思想政治教育新局面”主题，在理论探究的指引下，以实践探索和经验总结为主体，积极探索融媒时代高校思想政治教育的新路径、新方法、新举措，为高校开展思想政治教育工作提供经验参照和成果借鉴，切实提升高校思想政治教育的实效性。

（三）发展意义

高校思想政治教育的对象是处于人生发展关键阶段的青年群体，他们思维敏捷、渴望成功、追求真理、关注价值，但是面对错综复杂的网络世界，如何帮助大学生“去伪存真、去粗取精、为我所用”是高校思想政治教育的重要使命。

本书的一个重要贡献在于充分阐明新科技、新技术对知识加工和信息整合的运行机制和原理，并进一步揭示融媒时代人们的认知形成发展的特征和规律，有利于指导和帮助大学生辩证看待媒体信息，科学对待各种舆论，理性辨别各类思潮，正确形成思想认识，提升大学生的媒介素养、思想政治素养和审辨思维，积极利用融媒获取新知、提升智慧、促进学习、完善自我。

从教师专业发展角度看，高校思想政治教育的最新发展，迫切要求教师提升思想政治教育能力，尤其是互联网、融媒背景下有效帮助学生在专业成长之外实现意志品质、道德情操、健康心理、文化素养、人际关系和精神状态等方面的全面发展。本书不仅从思想政治教育的规律和原则等理论角度帮助教师转变思想、提高认识，更是在思想政治教育的文化育人、教学育人、服务育人层面上，提出许多有效的经验和举措，帮助教师提升思想政治教育能力，增强融媒时代的责任感和学习力，实现高效教师育人水平和专业教学能力的全面成长，促进高校思政队伍专业化发展，提升高校思想政治教育的成效。

第二节 国内外研究现状

一、国内研究现状

国内学者对数字化时代、网络传播的关注，始于我国进入改革开放之后。在最初的十多年间，学者们更关心的是研究计算机而不是研究网络，人们对网络的理解仅仅停留在与打电话和发短信功能类似的一种传播介质，还没有意识到网络将引发社会生活的巨大裂变。直到万维网和超文本浏览器出现后，网络的巨大价值和媒介传播的影响才逐渐被研究者所重视。有学者把 1994 年中国正式接入国际互联网这一年称为网络传播研究元年。这一时期，信息高速公路的概念在全球普及，网络被称为继报纸、广播电视之后的第四媒体。有学者认为，信息高速公路服务的最大特点是双向传播、互动沟通和个人化服务，与报纸、广播、电视、期刊的单向传播不同，信息高速公路的特性将导致现有的大众传媒化为泡沫，由此提出了大众媒体的“泡沫论”[①]。进入 21 世纪以后，研究者开始关注互联网对传统媒体的挑战与冲击，国内很多高校成立了网络传播研究的专门机构。2002 年，复旦大学、北京大学、北京广播学院、华中科技大学、中国人民大学、清华大学等都设置了网络传播相关专业，开设了相关课程。随着 2003 年 BBS、博客等新型传播载

① 朱光烈. 我们将化为“泡沫”——信息高速公路将给传播业带来什么？［J］. 现代传播（中国传媒大学学报），1994(2).

体在国内出现,网民前所未有地体验到了公开言说的便利和权利,在学术研究方面开始出现对网络传播如何影响个体和社会发展的研究。随着网络技术和容量的日新月异,一部分网络意见领袖(名曰“大V”)从众多网民中脱颖而出,成为影响公众舆论的重要因素,成为社会不可忽视的一股话语力量,研究者开始对舆论舆情产生研究热情。有研究者认为2008年是中国网络传播的转折之年,新媒体在汶川地震等一系列重大突发新闻事件中得到了广泛运用。2008年北京奥运会的精彩赛事开始由互联网和手机同步播出,网络视频、网络热点频频受到关注,成为新闻传播领域影响深远、普遍关注的主流媒体之一。2008年,中国网民数量首次跃居世界首位,移动互联网展露端倪,手机功能被不断放大,互联网业务迅速向移动端拓展,以手机为代表的移动终端以“第五媒体”的身份被研究者所关注。有研究表明,2000年以来,国内传播学者对新媒体的研究热点集中在五个方面:“危机传播与舆论监督、媒介形态与数字技术、社会媒体与媒介融合、传媒产业及其转型、媒介使用及受众分析。”①

如今,以互联网大数据、云计算、5G、区块链、人工智能、虚拟技术等混合现实为代表的新技术变革的发展,正在深刻地塑造着媒体的生存和发展方式。以微信、抖音、快手等为代表的社交媒体,宣告了“人人都是自媒体的时代”真正到来。当前,越来越多的研究者开始关注媒介和人的主体性的关系,研究传播与人的需要的关系,研究未来社会传播如何重塑人与人的关系等重大问题。围绕新媒体、融媒等重大课题所引发的技术和人性的一系列复杂问题,媒体和传播研究成为社会研究的重要领域。

围绕融媒时代和新媒体时代高校思想政治教育如何改革创新,学者们从不同的方面给出了不同的思考和回答。有的聚焦于高校思想政治教育传播的载体和路径创新,有的围绕思政课教学创新,聚焦如何打造高校思政金

① 胡泳,陈秋心. 中国网络传播研究:萌芽、勃兴与再出发[J]. 新闻在线,2019(2).

课,有的围绕新媒体时代大学生思想政治工作的整体推进,也有的结合具体的新媒体平台具体分析其对大学生思想政治教育的影响,等等。总体上还是围绕如何让融媒在大学生思想政治工作中发挥有效作用,推进高校思想政治教育课与融媒新技术相融合,从而推进高校思想政治教育的创新与发展。

学者郭广认为,要推进"思政+"育人模式,注重"收集舆情,思想政治教育内容数据化;研判舆情,思想政治教育团队联合化;交往实践多元化,推进自媒体舆情与思政育人良性互动;培养意见领袖,提升大学生的舆情素养"[①]。学者王跃强调,新时代高校思政课教师应正确对待三个"变"与"不变"[②]:①教学目标的"变"与"不变"。高校思政课的培养目标是为党育人、为国育才,但人才的具体内涵有了新的特点。②认知入脑的"变"与"不变"。尽管融媒时代高校思想政治教育要遵循学生的认知特点,但是入脑入心并且化为行动,是思政教育的永恒主题。③内容和形式的"变"与"不变"。思政教育的方式、载体、手段在融媒时代都会出现新的特征,但是形式服务于立德树人的根本任务,服务于弘扬主旋律、传播正能量的教学内容,不能在融媒时代也被"沦为"娱乐至死,被解构得支离破碎。学者冯培认为,思想政治教育要从总体的"大水漫灌"化为群体的"精准滴灌";用学生喜闻乐见的课堂讲述方式,"少一些空泛说教,多一些事实分析,少一些抽象概括,多一些鲜活实例","不但要有听觉、还要有视觉,不但要有道理、还要有情理,不但要有高度、还要有温度,不但要有信仰理念、还要有兴趣的体验,不但要展现理论的品格,而且要有魅力的人格"[③]。

在融媒给高校思想政治教育带来的影响上,学者胡玉宁、薛云云等认为,融媒时代的信息传播环境呈现出"媒介化"特征,高校思想政治教育话语权面临话语权力关系嬗变、结构内容出新和场域拓展等发展机遇,同时话语

① 郭广.基于自媒体舆情的高校"思政+"育人模式探究[J].学校党建与思想教育,2020(9).

② 徐玉生,张云霞,郑宇.推进高校思政课与新媒体新技术高度融合[J].思想理论教育导刊,2018(5).

③ 徐玉生,张云霞,郑宇.推进高校思政课与新媒体新技术高度融合[J].思想理论教育导刊,2018(5).

"堕距、去中心化、失范、极化"的困境导致话语权力变迁,表现为"解释力消解、凝聚力解构、形塑力削弱、调控力降低"①,同时认为融媒环境下,高校思想政治教育迎来了机遇和挑战并存的局面。在机遇方面,话语权力关系、话语结构、话语场域等方面都会带来一系列新的范式革命与创新。比如,在话语权上,新媒体改变了传统的思想政治教育话语权长期掌握在教育主体手中的局面,转变为教育者和被教育者主客体话语平等交互的一种博弈环境;在话语结构上,传统高校思想政治教育话语一般是在特定的文化中生成,有着既有的话语体系和表达逻辑,而在融媒时代的多元文化生态中,传统的话语体系需要有新的视角、新的创意、新的精神、新的表达来激活高校思想政治教育传统话语体系的创新自觉和教育自觉;在话语场域上,传统的高校思想政治教育普遍都是在特定的时空下进行的,有着固定的传播空间和载体,而在融媒传播环境下,各种媒介都成了思想政治教育信息传递和交流的平台和载体,思想政治教育的话语场域发生了质的拓展和飞跃。但同时,他们也给出了融媒时代思想政治教育面临的严峻挑战:"话语堕距""话语去中心化""话语失范"和"话语极化"等。"话语堕距"意指融媒时代的思想政治教育话语体系的更新相较于经济结构的转型较为滞后,会出现一定的时间差。"话语去中心化"意指融媒时代的思想政治教育失去了传统自上而下的权力中心地位,导致高校思想政治教育掌控力和影响力极大弱化。随着高校大学生信息资源获取渠道愈发多元,其对传统教育主体的依赖性、信任度也在剧烈下降,高校思想政治教育的话语权和公信力受到了前所未有的冲击。"话语失范"意指融媒时代的青少年话语逻辑和体系存在着亚文化、个性化、多元化等复杂特征,流行于融媒环境下的网络语言包含着大量负面、消极、调侃、虚无等思想特征和表现,这种网络话语逻辑和体系与传统高校思想政

① 胡玉宁,薛云云.融媒传播环境下高校思想政治教育话语权的变迁与形塑[J].思想教育研究,2017(9).

治教育话语存在着极大的冲突和沟壑,加剧了高校思想政治教育工作的难度。“话语极化”意指融媒时代的社群文化夹杂着大量的群体偏好,以群体归属或认同为特征的群体话语,反映了大学生普遍的心理焦虑、学业压力、情感困惑等复杂心理,这样一种社群话语会使大学生的思维固化,产生同辈效应、同辈压力,严重阻碍高校思想政治教育对大学生的话语影响力。因此,有研究者认为,在融媒传播环境下,高校思想政治教育要进行话语权的重塑,牢固树立话语平等权;立足生活维度,实现权力话语从文本视野向生活世界的回归;介入人文关怀和心理疏导一体化的方法,实现权力话语从单一到协同创新、从平面到立体培育、从传统式微到主导性的变革。①

另有学者从其他角度解读了媒介融合视域下高校思想政治教育面临的主要挑战。陈央认为,这些挑战主要表现在“双向交流式触媒习惯与单向灌输式思政教育的矛盾;媒介接触偏好的娱乐性与思政教育内容的权威感之间的冲突等”②。他也对高校思想政治教育工作在融媒环境下如何创新发展提出了相对应的应对策略,要“积极抢占舆论话语权高地,构建符合融媒传播特性、师生互哺的思政传播关系,打造‘短视频+’教育模式”③等。

二、国外研究现状

本书主要从国外对融媒的界定以及融媒的传播方式等方面进行相关研究介绍,帮助我们更好地了解如何定义融媒,如何正确地分析融媒的功能价值和存在意义,以及融媒的传播路径,不同路径所具备的独特价值,以使融媒更好地发挥对高校思想政治教育的创新、裂变作用。基于研究需要,在此

① 胡玉宁,薛云云.融媒传播环境下高校思想政治教育话语权的变迁与形塑[J].思想教育研究,2017(9).

② 陈央.媒介融合视域下高校思政的应对与变革[J].浙江工业大学学报(社会科学版),2020(6).

③ 陈央.媒介融合视域下高校思政的应对与变革[J].浙江工业大学学报(社会科学版),2020(6).

我们把新媒体也作为融媒的一个有机组成部分来探讨。

在对媒体、媒介等核心概念的研究上，影响较大的是加拿大著名学者马歇尔·麦克卢汉(Marshall McLuhan)。他在诸多著作中提出过三个重要的观点——“媒介即讯息”“媒介即人的延伸”以及“热媒介与冷媒介之分”，这三个重要的观点构成了麦克卢汉关于媒介学说的主要内容。首先，“媒介即讯息”，有什么样的媒介就对应着传播什么样意义的信息，什么样的对象。正是传播媒介在多种多样的物质条件下一再重现的特性，构成了传播媒介的历史行为功效。其次，“媒介即人的延伸”，媒介其实是人的感官的拓展和放大，是人的需要的拓展。最后，不同的媒介作用于人的方式是不同的，对人产生的效应也各具特色，因而有“热媒介”与“冷媒介”之分。麦克卢汉关于媒介的这些重要观点对我们今天深刻认识和理解融媒时代媒介的本质和特征依然有着重大的启示价值。

尼古拉斯·尼葛洛庞蒂(Nicholas Negroponte)最早提出了“媒体融合”①(media convergence)的概念。狭义的“媒体融合”是指将不同的媒介形态“融合”在一起发生“质变”，从而形成一种新的媒介形态，如电子杂志、博客新闻等；而广义的“媒体融合”则包括一切媒介形态及其有关要素的融合。尼葛洛庞蒂曾预言：互动世界、娱乐世界、资讯世界终将合而为一。② 其著作 *Being Digital* 一书，即概括总结了数字化生存的特质——分散权力、全球化、追求和谐和赋予权力。③ “分散权利”意指有关数字化生存带来的分权效应，如 Web 2.0 技术支撑下微博、微信的使用，使得人人作为信息传播的焦点，“人人都是自媒体”成为可能。④ 在数字化为特征的融媒时代，人们能够试着逐渐改变由上而下、集中统一式的信息传播模式，分散话语权，向言论多样

① 赵蔚.高校学报媒体融合现状与发展趋势[J].宁波大学学报(教育科学版)，2017(6).

② 丁伯铨.媒介融合：概念、动因及利弊[J].南京社会科学，2011(11).

③ 潘慧.城市设计的数字化生存[D].长春：吉林建筑大学，2015.

④ 潘慧.城市设计的数字化生存[D].长春：吉林建筑大学，2015.

性和思想多元化发展。“全球化”意味着世界是平的，在互联网和数字化的今天，资讯早已在全世界范围内分享传播，在这个人人言必称“全球化”“一体化”的时代，我们更应该以辩证的眼光与思维来重新审视高校思想政治教育所面临的全球语境。“追求和谐”是指数字科技可以变成一股把人们吸引到一个更和谐的世界之中的自然动力，如“人机交互方式”，由最初的字符命令语言交互，到图形用户界面交互，再到综合运用各种感观的多通道交互，愈加趋于人与人之间本初的自然交往。① 这意味着，在数字科技时代，人机交互正朝着越来越和谐的方向发展。“赋予权力”是指新媒体时代赋予每一个公民以权力，尤其是年轻一代公民。在传统的中央集权制下，年轻一代只掌握较少的资源，几乎没有权力；而在数字化世界中，主体是年轻一代，他们必将被赋予应有的权力，以达到资源和权力的均等分配。在此，赋权与前面所说的分权是相辅相成的——不分散权力根本谈不上赋予拥资较少的一方以权力，而不赋予权力以求平衡，则分散权力也就失去了意义。总之，分权与赋权的最终目的都是权力的平等分配。也即在新媒体时代，实现分权与赋权最终是为了消解权力。② 因此，融媒时代的民众话语权力关系和结构将发生革命性变化。

现任纽约州立大学研究生院教授、文化分析实验室主管列夫·马诺维奇(Lev Manovich)是引领全球数字文化研究的理论家之一，也是应用数据科学分析当代文化的先驱。他的研究涵盖文化分析、人工智能与文化、数字人文、计算社会科学、视觉文化、媒体理论等领域。他认为，新媒体和旧媒体的界限在于“是否通过计算机传播和呈现为标准，而不是以是否由计算机生产为标准”。也就是说，真正决定新媒体的其实就是是否运用了新技术来推动资讯的传播。按照这样一个标准，电子书就是一种新媒体，而纸质书就是一

① 潘慧. 城市设计的数字化生存[D]. 长春：吉林建筑大学，2015.

② 潘慧. 城市设计的数字化生存[D]. 长春：吉林建筑大学，2015.

种旧媒体。他提出,当“所有媒体都转化为可供计算机使用的数值数据图像,运动影像、声音、形状、空间和文本都成为可供计算机处理的一套套数据。简言之,媒体成了新媒体”①。他进一步分析了新媒体的五大法则,分别是“数值化呈现”“模块化”“自动化”“多变性”“跨码性”②。“数值化呈现”意味着新媒体的对象受算法操控,媒体变得可编程了;“模块化”是指删除新媒体的其中一个部分,并不会让整体失去意义,因而新媒体更容易被修改、替换;“自动化”是指人工智能让媒体“高水平”自动化,而更受人们欢迎;“多变性”意味着新媒体有着不同版本,数量有无限增加的潜质,体现着“按需生产”的逻辑;“跨码性”即数据格式的转换性,意味着新媒体的可编程与深加工性。

第三节 研究思路和方法

一、研究思路

本书以传播学、心理学、管理学、思想政治教育学、马克思主义哲学为理论指导,以新技术发展运用为背景,深刻剖析融媒对个体认知和学习的影响机制,结合新时期高校思想政治教育发展的新要求,系统全面地总结梳理和创新探索如何利用融媒的传播优势,以切实促进高校思想政治教育课程建设和课堂变革为抓手,进一步促进高校思想政治教育工作成效,不断促进当代大学生思想政治素养,更好培养有使命感、责任感的社会主义接班人和建设者,丰富我国融媒时代高校思想政治教育的理论与实践成果。本书研究的主要框架及内容如下:

---

① 马诺维奇. 新媒体的语言[M]. 车琳,译. 贵阳:贵州人民出版社,2020:25.

② 马诺维奇. 新媒体的语言[M]. 车琳,译. 贵阳:贵州人民出版社,2020:27-44.

(1)融媒的生产机制和传播特征研究；

(2)高校思想政治教育在融媒时代面临的挑战与机遇研究；

(3)融媒时代高校思想政治教育应对与变革研究；

(4)融媒时代高校掌握主流意识形态话语权研究；

(5)融媒时代高校推动思政教育载体提档升级研究；

(6)融媒时代高校促进思政理论课程再造设计研究。

二、研究方法

本书在参考学习大量国内外融媒技术、新媒体概论、大众传播学、人工智能、融媒传播论、数字媒介转型等主题的系统文献，梳理和总结融媒的内涵、特征与发展需要，对广大师生进行融媒下思政教学实践状况调查的基础上，认真分析问题，研究解决问题的策略，在对融媒时代特征的把握上，因势利导，为我所用，对高等院校思想政治教育改革进行新的探索。

正如马克思在《关于费尔巴哈的提纲》中所言，“关于环境和教育起改变作用的唯物主义学说忘记了:环境正是由人来改变的，而教育者本人一定是受教育的……环境的改变和人的活动或自我改变的一致，只能被看作是并合理地理解为革命的实践”。

当前，融媒世界的纷繁复杂构成了新的教育环境和生态，如何面对、治理、维护、塑造、发展好融媒时代的教育环境，让融媒环境成为立德树人的优质土壤和自然气候是我们每个教育人的使命和责任。融媒时代高校思想政治教育改革的探索与实践，正是在这样的背景和任务下的勇敢尝试，让融媒为教育服务，为实现人的全面而自由的发展服务，这是马克思主义哲学意义上的“革命”，我们必须不断推进，不断突破与创新，唯有如此，才能在任何时代保持主动，保持自信，为更好地培养社会主义接班人和建设者作出贡献。

第二章　融媒时代重塑传播格局

进入21世纪以来,经济、技术和社会领域加速发展,人类社会的发展不仅驶入了快车道,更是以挂挡加速甚至换道超车的态势飞速前进。

第一节　新技术时代的到来

一部人类社会的发展史同时也是一部科技发展史,每一个社会变革乃至革命,都离不开背后的科技力量。当我们致力于社会创新和变革时,我们必须深刻了解和掌握其"后台"的技术原理,更好地发现和利用更多的先进技术,唯有这样我们才能不至于在技术的使用中迷茫和失控。

有人做过这样的分析,说"铁丝网"是改变美国命运的发明,实质上说的就是技术创新对社会发展的非线性促进作用。美国南北战争时期,美国总统林肯为了保障每一个美国公民的权利,签署了《宅地法》削弱南方奴隶主的势力,但美国当时正值南北战争最艰难的时刻,大片荒地被当地土著霸占着,人们种出的很多粮食常常被当时土著的牲口或者野生动物糟蹋,而如果要把160英亩土地建上木头围栏,根本就没有财力物力和人力。当时投身西部建设的美国人,都期盼着能够摆脱奴隶主制度,靠着自己的双手过上幸福的日子,但在经历了最原始的开荒扩土的困难之后,人们赶赴西部的热情开始逐渐下降，原本是为了给美国人民提供福利的好法案，没有收获很强烈的反响。到了1868年，西部开发的号召基本没什么效果，美国农业部评估了一下得出了结论：如果不解决围栏的问题，《宅地法》就等同于一纸空文。就在美国政府为西部大开发政策头疼不已时，一个年轻的小伙子约瑟夫·格利登发明了被后人称为“塑造世界经济的50项伟大发明”的带刺铁丝网。在铁丝网被批量生产后的短短6年内，全美国销售了总长26.3万英里的铁丝网，相当于绕地球10圈。从此，美国的“西部大开发”以惊人的速度拓展。随着移民数量的增加，美国广阔的西部边疆逐渐稳固下来，随之而来的经济增长助推美国进入了发展的黄金时代。作为美国西部大开发的最大功臣，铁丝网的本质是成本极低但效率极高的防护壁垒。

回归到媒体发展本身，任何一次媒体跨越式发展都可以找寻到“铁丝网”的影子，因为“铁丝网”就是技术本身。成功的媒体变革，往往具备“低成本”“高效率”“强优势”这三点，用时髦的话讲，就是创新的基因。正是在这个意义上，技术决定论的集大成者麦克卢汉在20世纪六七十年代提出了惊人的判断：“历史是一部媒介形态发展的历史。”

以媒体发展史的视角来看，我们不难发现其实每一种媒体类型的出现与发展都是由相关技术所触发和迁移的。第一媒体报纸得益于造纸术和印刷术的发明，使文字消息不再依靠民间歌谣、传说等口口相传，或竹简、石刻、标记等文字符号来记录和传播，而是通过报纸、书籍、杂志、海报等媒介广为流传。第二媒体广播得益于无线电技术和留声机的应用，使信息不再以单一的文字形式存在，而是通过声音传播打开了人们的听觉感官。第三媒体电视得益于成像技术和传输技术的发展，使信息传递的内容升级为更加丰富的视听感受。第四媒体互联网得益于信息技术的革命，进一步拓宽了信息获取的渠道。第五媒体新媒体得益于移动通信技术的不断演进，打破了信息获取的时空限制,增加了信息获取的便利性。[①]

今天,当我们将研究的视角落到融媒时,必须清晰地理解其背后的发生发展机制,才能更明确对相关技术的运用和规范,也更能够推动融媒的创新和发展。

一、融媒技术

融媒作为一种媒体的高维概念,不同于人们常常提到的"新媒体""多媒体""全媒体",而是多媒介、多层次、多方位、多要素的融合。如果说"媒体"是一个名词,那么"融媒"本质上是一个动词,它是不同形态、渠道、载体、内容、终端、技术等媒介要素的动态融合过程。显然,要对融媒有深刻的理解,了解其背后的要素及其整合技术必不可少。当前,随着数字技术发展的日新月异,数字化浪潮正席卷而来,移动互联、物联网、人工智能、大数据、云架构、区块链……这些数字化技术正在颠覆传统的行业格局和市场环境,引领着用户消费习惯的改变,也改变和重塑着媒体的形态和传播方式。特别是大数据技术、人工智能、5G 技术等,正在对媒体构成的虚实世界进行着"翻天覆地"的重塑。

(一)大数据

随着移动互联网的广泛应用,人们每天创造的数据量呈爆炸式增长。在生活中,我们常常会遇到这样的现象:只要我们在售楼处或者房产中介处登记过电话号码,那么自己的手机就会不停地受到各种售楼广告和房产信息的骚扰,显然我们的数据被泄露了,然而这还谈不上什么大数据。在互联网上,我们每天都在产生数据,我们习惯购买什么东西,喜欢看什么网页,习

---

① 张宁,吴军伟.新媒体信息传播中的汉字视觉艺术呈现及发展[J].新闻爱好者,2019(9).

惯用什么软件都被记录在案,大数据会对这些数据进行高强度的计算。“大数据”的战略意义不在于搜集和存储这些庞大的数据信息,而在于对这些隐藏着相关逻辑和意义的数据进行专业化处理,挖掘和分析有用的信息,发现这些数据背后隐藏的真相和秘密。如果把大数据比作一种产业,那么其实现盈利的关键在于通过“数据分析”和“深加工”实现数据的“真正价值”。大数据并不仅仅在于“大”,更在于“有用”,价值含量、挖掘成本比数量更为重要。① 阿里巴巴集团主要创始人马云曾提到,数字技术革命已经到了后三十年,未来数据将是重要的生产资料,计算是生产力,互联网是生产关系,未来计算的能力和数据就像今天的石油和电一样重要。在马云看来,大数据其实就是“大计算”加上“云数据”,他也曾直言阿里巴巴公司本质上是一家数据公司,“是一家扩大数据价值的公司”。

百度百科将“大数据”(big data)定义为:无法在一定时间范围内用常规工具进行捕捉、管理和处理的数据集合。② 所谓常规工具就代表着用户量巨大、人人都在使用的东西,这就意味着嵌入我们生活中的各种数字工具,都是产生我们数据的“源泉”,比如我们的购物软件、聊天软件、导航 App、视频软件,而这些软件和 App 已经成为我们日常生活的必要组成部分。大数据就是一个包含着这些生活数字信息的巨大而复杂的数据库,这个数据库无法用传统数据库工具进行抓取和处理。③

《大数据时代》(*Big Data*)作者之一维克托·迈尔 - 舍恩伯格(Viktor Mayer-Schönberger)指出,大数据时代呈现出“更多、更杂、更好”三大特征。首先,“更多”的意思是,在大数据时代,所有的分析调查不是采用随机样本,

---

① 大数据[EB/OL].[2022-03-20]. https://baike. baidu. com/item/% E5% A4% A7% E6% 95% B0% E6% 8D% AE/1356941? fr = aladdin.

② 大数据[EB/OL].[2022-03-20]. https://baike. baidu. com/item/% E5% A4% A7% E6% 95% B0% E6% 8D% AE/1356941? fr = aladdin.

③ 驯服大数据的 4 个 V[EB/OL].(2012-10-17)[2022-03-20]. http://blog. sina. com. cn/s/blog_737e2f810101a6nw. html.

而是采用全数据。现在的技术已经足够让人类处理海量的数据，同过去传统的抽样调查不同，全数据分析模式将全面替代样本的分析方式，可以在短时间内迅速提取到最有用的信息。其次，“更杂”的意思是，我们所找的这些信息并不是精确的，而是拥有混杂性。因为数据量的显著增大，全数据分析模式下一些不准确的数据难免会掺杂混入数据库，干扰数据的准确性，因此大数据时代更关注效率而非精确度。最后，“更好”的意思是，大数据思维只关注“相关性”而不再关注因果关系，大数据时代只关注“效果”而不在乎“原因”，只要知道这件事正在发生或者即将发生，信息掌控者就能完全做出正确的决定。①

我们在互联网生活中常见的典型数据类型不外乎以下几大类：用户行为数据、用户消费数据、用户地理位置数据、互联网金融数据和用户社交等UGC数据。② 早在2012年3月，奥巴马政府就发现了大数据这个“未来的新石油”潜在的价值，将“大数据战略”上升为国家意志，大力拉动大数据相关产业发展，把对数据的占有和控制作为另一种国家核心资产。

以智慧城市建设这一信息技术的深度拓展和集成应用为例，国家信息中心数据显示，截至2019年年底，全国副省级以上城市、95%以上的地级城市、50%以上的县级城市均提出了建设智慧城市理念。大数据成为智慧的基础能源，为智慧城市的各个领域提供决策支持。比如：通过对道路交通信息的实时分析，中枢数据中心能发布道路“拥堵指数”，帮助司机提前绕开拥堵区域，有效缓解交通拥堵，为城市交通的良性运转提供精准有效的实时指导；通过线上线下O2O平台和软件，主动收集和挖掘学生的学习时间、学习偏好、学习频率、学习习惯等数据，为信息化教学资源建设和适切教学提供参考；通过大数据技术支持及时发现人为或自然灾害、突发危机事件，提高

---

① 喻国明. 大数据方法：新闻传播理论与实践的范式创新[J]. 新闻与写作，2014(12).

② 大数据浅谈[EB/OL]. (2020-05-20)[2022-03-20]. https://zhuanlan.zhihu.com/p/142215998.

城市应急处理能力和安全防范能力。

2019 年央视开播的国内首部大数据产业题材纪录片《大数据时代》，生动地讲述了大数据技术在社会治理、民生服务、数据安全、工业转型、未来生活等方面给人们带来的改变和影响。随着计算机和互联网的广泛运用，我国已经成为全球数据总量最大、数据类型最丰富的国家之一。如今，大数据带来的信息风暴正在不断地改变我们的生活、工作和思维。

（二）云计算

云计算与大数据就像一枚硬币的正反面，相互依存，不可分割。没有大数据的信息集聚，云计算的计算能力再强大，也是巧妇难为无米之炊；没有云计算的处理能力，大数据的信息总量再大，也终究只是望洋兴叹。

早在 20 世纪 60 年代，约翰·麦卡锡（John McCarthy）就提出了云计算的思想，把计算能力作为一种像水和电一样的公共资源提供给用户。简单来说，云计算的目的就是让用户像用水和用电一样，便捷地获取数据资源和服务。就像 20 世纪中期出现了集中供电的发电厂，通过电网把电输送到千家万户，很多工厂不再需要各自置办自己的发电设备来保障生产需要的电力资源，到了 21 世纪，很多用户为了满足自身信息化的要求，直接可以在云端实现、按需获取，不需要采购 CPU、存储、网络、服务器等数据资源，不再需要建设自己的数据中心。阿里云总裁王坚曾形象地对云计算做了个比喻："计算，就像你打一口井，要支撑一个城市的话，井是肯定不够用的，那这个时候这个自来水管就像是互联网，把互联网后面那个接着的计算能力，为你所用，其实就是个'云计算'。"因此，在本质上，"云计算"也是云服务。

大数据常和云计算相互依存，没有大数据，云计算将陷入"无米之炊"的困境，云计算必须建立在庞大的数据基础之上；而没有云计算，大数据只能是一堆无用的信息。如今，在包括 Google、Amazon、Facebook、阿里、腾讯、百度等大型网络公司在内的一批互联网企业的引领下，各大平台利用云计算提供基础架构,利用大数据提供创新性服务,而云计算技术的不断迭代更新,又降低了大数据业务的运行成本,一种新的模式业已形成。

在对数据分析与计算的历史上,曾经有一个关于沃尔玛的经典营销案例——“啤酒与尿布”故事。20 世纪 90 年代,美国沃尔玛超市某管理人员,在一次例行分析销售数据时偶然发现“啤酒”与“尿布”经常出现在同一个购物车中的奇怪现象,原来是年轻的父亲在给孩子购买尿布的同时,往往会顺便为自己购买啤酒。于是超市尝试将啤酒与尿布摆放在邻近的位置,让年轻的父亲可以方便地找到这两件不同的商品,也可以一次购买这两件商品,沃尔玛超市也因此从中获利。这就是“啤酒与尿布”故事的由来。

那么沃尔玛是凭什么分析出数据之间的联系的呢?早在 1993 年,美国学者艾格拉沃(Agrawal)提出了通过分析购物篮中的商品集合,从而找出商品之间关联关系的关联算法,并根据商品之间的关系,找出客户的购买行为。艾格拉沃从数学及计算机算法角度提出了商品关联关系的计算方法——Apriori 算法。沃尔玛正是将 Apriori 算法引入 POS 机数据分析中并获得了成功,于是产生了“啤酒与尿布”的故事。①

目前,云计算技术已经被普遍应用于互联网服务中,最为常见的就是网络搜索引擎和网络邮箱。② 以百度搜索引擎为例,任何时刻,只要通过电脑或者移动终端就可以在搜索引擎上搜索相关信息和资源。网络邮箱也是如此,在云计算技术和网络技术的推动下,电子邮箱成为人们生活的一部分,只要在网络环境下,就可以实现实时的邮件寄发和收取、阅读。云计算技术早已融入现今的社会生活。③

① 你所不知道的数据分析[EB/OL].(2015-10-24)[2022-03-20]. https://jingyan. baidu. com/article/1e5468f902df70484961b7b2. html.

② 许子明,田杨锋. 云计算的发展历史及其应用[J]. 信息记录材料,2018(8).

③ 许子明,田杨锋. 云计算的发展历史及其应用[J]. 信息记录材料,2018(8).

1. 存储云

存储云，又称云存储，是指通过集群应用、网格技术或分布式文件系统等功能，将网络中大量不同类型的存储设备通过应用软件集合起来协同工作，共同对外提供数据存储和业务访问功能的系统。云存储对使用者来讲，不是指某一个具体的设备，而是指一个由许许多多个存储设备和服务器所构成的集合体。使用者使用云存储，并不是使用某一个存储设备，而是使用整个云存储系统带来的一种数据访问服务。所以严格来讲，云存储不是存储，而是一种服务。大家所熟知的阿里、腾讯、百度等大型网络公司均有云存储服务。“存储云向用户提供了存储容器服务、备份服务、归档服务和记录管理服务等，大大方便了使用者对资源的管理。”①

2. 医疗云

医疗云，是指在移动技术、多媒体、4G 通信、大数据，以及物联网等新技术基础上，使用“云计算”来创建医疗健康服务云平台，实现医疗资源的共享和医疗范围的扩大，包括云医疗健康信息平台、云医疗远程诊断及会诊系统、云医疗远程监护系统以及云医疗教育系统等。现在医院的预约挂号、电子病历、医保等都是云计算与医疗领域结合的产物。医疗云还具有数据安全、信息共享、动态扩展、布局全国、费用较低的优势。

3. 教育云

教育云，实质上是指教育信息化的一种阶段发展形态。教育云可以将所需要的任何教育资源虚拟化，然后将其传入互联网，以向教育机构、教师

① 许子明，田杨锋. 云计算的发展历史及其应用[J]. 信息记录材料，2018(8).

和学生提供一个方便快捷的平台。① 现在流行的慕课就是教育云的一种应用。慕课 MOOC,指的是大规模开放的在线课程。现阶段慕课的三大优秀平台为 Coursera、edX 以及 Udacity,中国大学 MOOC 也是非常好的平台。早在 2013 年,清华大学就推出了 MOOC 平台——学堂在线,许多大学现已使用学堂在线开设了一些课程的 MOOC。清华大学慕课平台 App 是一款免费的移动课堂软件,清华大学的师生用户可以在线下载学习资料。移动平台还提供了免费视频课堂、课件制作、学习互动服务,师生通过工号、学号就可以登录使用,非常便利和高效。

(三)物联网与移动互联网

1. 物联网

物联网的理念首次出现在比尔·盖茨 1995 年《拥抱未来》(*Tht Road Ahead*)一书中,但未引起广泛重视。1991 年,美国麻省理工学院(MIT)的凯文·阿什顿(Kevin Ashton)教授首次提出了物联网的概念。1999 年,美国麻省理工学院 Auto－ID 提出“万物皆可通过网络互联”,阐明了物联网的基本含义。物联网是在网际网络的基础上利用各种感测设备,将任何物品与网络连接进行讯息的交换,造出覆盖外物的“Internet of Things”。互联网将世界各地的人们连接起来,而物联网则把全世界的物品连接起来,使人类达到智慧生活的状态。

物联网的出现与感知技术的发展是密不可分的,以传感器技术、指纹识别技术、RFID 技术、坐标定位技术等为基础的感知能力提升同样是物联网发展的基石。全世界的工业设备、汽车、电表上有着无数的数码传感器,随时测量和传递有关位置、运动、震动、温度、湿度乃至空气中化学物质的变

① 许子明,田杨锋. 云计算的发展历史及其应用[J]. 信息记录材料,2018(8).

化，会产生海量的数据信息。而随着智能手机的普及，感知技术可谓迎来了发展的高峰期，除了地理位置信息被广泛应用外，一些新的感知手段也纷纷登上舞台。比如：华为手机开发了智感支付功能，用户支付时将手机主桌面对准扫码设备并保持约 15 厘米距离，即可快速调起支付界面，无须进入支付界面手机就可以自动打开支付界面完成支付；苹果手机在 home 键内嵌指纹传感器，新型手机可通过呼气直接检测燃烧脂肪量；微软正在研发可感知用户当前心情的智能手机技术；谷歌眼镜“Insight”新技术可通过衣着进行人物识别。①

除此之外，还有很多与感知相关的技术革新让我们耳目一新：比如牙齿传感器实时监控口腔活动及饮食状况，婴儿穿戴设备可用大数据去养育宝宝，Intel 正在研发 3D 笔记本摄像头可追踪眼球读懂情绪，日本公司开发新型可监控用户心率的纺织材料，业界正在尝试将生物测定技术引入支付领域等。其实，这些感知被逐渐捕获的过程就是世界被数据化的过程，一旦世界被完全数据化，那么世界的本质也就是信息化了。有人戏言，“人类以前延续的是文明，现在传承的是信息”②。

近年来，随着以 5G 为代表的通信技术快速发展以及人工智能的推进，万物互联的时代已经到来。互联网在今天的实际生活中已经无处不在，比如我们在学校或者单位用的一卡通、高速公路上的 ETC 不停车收费系统，以及近几年流行的智能手环、智能手表等可穿戴设备，都是物联网运用的例子。物联网遇到人工智能，会激发出更多有创新的场景应用，比如对传统家用物品进行智能化的智能家居正在成为一个新的消费热点。现在许多家庭都有扫地机器人，这只是智能家居入门级产品。近几年智能音箱在国内外

---

① 偷偷告诉你：什么是大数据[EB/OL].(2017-05-21)[2022-03-20]. https://blog. csdn. net/CaiXinQi-World/article/details/72598460.

② 偷偷告诉你：什么是大数据[EB/OL].(2017-05-21)[2022-03-20]. https://blog. csdn. net/CaiXinQi-World/article/details/72598460.

市场上打得如火如荼，如美国亚马逊 echo、谷歌 home、天猫精灵、京东叮咚系列、小米 AI 音箱等，这些智能音箱除了播放音乐之外，语音交互能力才是重点。它们不仅能听懂人说话、陪人聊天，还有日程提醒、天气查询、购物信息、物流查询等功能。物联网也从智慧家庭一直延伸到智慧城市。以下场景已经不再是想象，而是完全可以出现在现实中："当你跨入家门，温暖的灯光和音乐响起，空调已经调整到你最舒适的温度，洗澡水也开始加热，烤箱里的烤鸡正等着你尽情享用……"这些智能家庭又组成智慧社区，智慧社区又构成智慧城市的雏形。物联网将城市的水、电、煤气、交通等资源连接起来，通过数据整合，降低城市的能耗和成本。在智慧城市建设方面，中国是世界上最积极的国家之一，全球约 1000 多个试点城市里，中国有超过一半的数量居于世界首位。物联网技术搭配人工智能已站上风口浪尖，万物互联的时代正逐渐从科幻电影中的场景变为现实。

2. 移动互联网技术

移动互联网已经深刻改变人们的生活和沟通方式，也在影响着商业和经营模式的发展。移动互联网创造了新的媒体传播方式，如今社交媒体已经成为人们交流获取信息最重要的渠道。近年来，从 3G、4G 到现在的 5G 网络开始出现在我们身边，移动网络的每一次发展都会给人们的生活带来翻天覆地的变化。3G 网络给我们带来了整个移动互联网，人们可以通过刷微博了解天下大事，可以通过微信和自己身边的朋友随时随地联系，可以在网上订机票、订酒店。4G 网络更是把移动互联网又往前推进了一大步，我们可以用手机看视频、看直播，可以刷短视频，可以使用很多本地生活的服务，如订外卖、叫网约车等。那么，5G 究竟会给我们的生活带来什么样的影响呢？作为融媒时代的重要底层技术支撑，我们有必要在移动互联网的历史发展中了解 5G 的重要性。

5G 中的"G"对应的是英文 generation，所谓的 5G 就是第 5 代移动网络技术。如果我们聊聊移动技术的历史，当然就要从1G开始，但其实在1G之前还有一个“0G”时代，也就是说在1G这个移动电话标准确定之前，其实移动电话已经默默发展很多年。移动电话最开始的时候是为了军事而存在，两个军事据点之间可以通过打电话来传输情况，通过AM和FM这两个波段来传输信号。到了20世纪40年代，开始有一些公司如摩托罗拉、贝尔等做移动电话的商业化尝试，将其放在车里或者手提箱里供大家在移动中使用。1G时代大概的时间跨度是1980—1990年，这个时期最重要的代表性产品“大哥大”成为当时一个人身份很重要的象征。2G时代大概的时间跨度是1990—2000年，最重要的特点就是不再传输模拟信号，而是开始传送数字信号，极大地提高了通话的音质和安全性，实现了标准模式下的全球漫游，也出现了收发短信、邮件等新功能。3G时代的时间跨度主要是2000—2010年，一个重要的特点是让移动互联网的稳定性得到了很大提高，带来了移动互联网的全面普及，智能手机行业开始兴起，一些重要的产品服务和载体开始涌现，比如苹果手机、安卓系统、微博、微信等都是在3G时代发展起来的。4G网络大概是从2010到2020年，4G网络在3G网络基础上，又把整个移动互联网往前推进了一大步，可以说是移动互联网的成熟期，最大的特点是以数据传输为核心来设计发展，手机最重要的功能并不是打电话、发短信，而是联通互联网去和互联网传递数据，因此，4G技术的本质就是数据传输。

如今，5G网络技术不仅极大地提升了传输速度，其理论下载速度可达10Gb/s，是4G网络速度的100倍，另外一个重要的指标就是极大地降低了数据传输的延迟，突破了之前通信技术望尘莫及的天花板，这就给许多领域带来了突破的可能。数据延迟就是将数据从一个设备发送到另外一个设备所需要的时间，比如在自动驾驶设备上，通过4G技术的延迟时间约为50毫秒，这个速度比眨眼还快，但对于高科技的电子设备产品而言，这个延迟时间就太长了，50毫秒的延迟在自动驾驶中可能就会引发一场可怕的车祸，而通过5G技术,它的延迟仅仅为1毫秒①,讯息几乎能够同步传递,这意味着自动驾驶汽车几乎可以立即对障碍物做出反应,更加安全。

5G的另外一个优势是可以连接更多的设备,4G下使用相同网络的设备越多,就会出现严重的网速下降和网络延时,甚至断网。而在5G下可以在网络中连接大量的设备,即使同时使用,网速和延迟情况也几乎不会受到影响,用户之间的互动依然可以做到平滑顺畅,自动驾驶的汽车、智能交通信号、远距手术等都通行无阻,每个用户都能够连接城市的一切智慧终端。之所以能够做到这些,主要原因是5G技术需要收集大量的数据,这也导致了西方国家抵制中国5G技术,但本质上是西方有些资本集团利益受到威胁的担忧。从2G、3G到4G时代,每一次通信技术的升级迭代,都会引发全球通信设备商市场格局和话语权的大洗牌。随着中国在全球信息产业竞争格局中的话语权不断加强,中国通信设备制造企业有望在5G时代获取更大的主导权。

(四)虚拟现实技术

虚拟现实(virtual reality,VR),顾名思义就是通过技术手段创造出一种逼真的虚拟三维环境,模拟各种感官感受,让人置身于这个环境中,仿佛处在现实世界中。有学者总结,“虚拟现实技术是一种综合应用计算机图形学人机接口技术、传感器技术以及人工智能等技术制造出逼真的人工模拟环境,并能有效地模拟人在自然环境中的各种感知的高级的人机交互技术”②。

虚拟现实具有三个基本特征:沉浸、交互、构想,并强调人的主导作用。现今较为完善的虚拟现实技术,已经集成计算机图形、计算机仿真、人工智能、显示及网络并行处理等技术的最新发展成果,是一种由计算机辅助生成

① 5g与4g的区别在哪[EB/O].(2020-03-11)[2022-03-20].https://product.pconline.com.cn/itbk/top/1326/13265487.html.

② 温怀疆,何光威,史惠,等.融媒体技术[M].北京:清华大学出版社,2016:27.

的模拟系统,通过设备及传感器将信息输入计算机,同时计算机将信息输出回设备,呈现出视觉、听觉等感知。虚拟现实的概念可追溯到1935年一本叫作《皮格马利翁的眼镜》(*Pygmalion's Spectacles*)的科幻小说中。1962年,莫顿·海利希(Morton Heilig)制造出一台叫作senoramac(传感影院)的机器设备,据悉可以粗略地从中体验视觉、嗅觉、听觉、触觉等多种感觉。1968年,被誉为虚拟现实之父的伊凡·苏泽兰(Ivan Sutherland)创造出第一台虚拟现实头戴式设备。1985年,贾瑞恩·拉尼尔(Jaron Lanier)创办的VPL Research研究出几种虚拟现实设备,使虚拟现实逐渐被人知晓,虚拟现实技术的一些问题随之得到了解决,虚拟现实得到了更广泛的运用,后来又因为技术难题变为冷门。2012年,帕尔默·拉齐(Palmer Lucky)创办了Oculus公司,并凭借Oculus Rift项目获得了约合243万美元的众筹。2014年,Facebook以20亿美元收购了Oculus公司,引爆全球VR市场,阿里、腾讯、谷歌、微软等巨头也相继抢滩登陆。2014—2016年,VR产品喷涌而出,PC技术的进步和硬件成本的下降,使以前停留在实验室的VR概念产品得以走进大众视野,虚拟现实独特的沉浸感与交互体验,使其可以在游戏领域、电影等娱乐行业大放光彩。另外,VR直播、VR演唱会、VR发布会、VR体育赛事等已慢慢出现。在专业领域方面,VR教育已有立项,针对VR绘画,谷歌也研发出了"Tilt Brush"的应用,同时VR也开始被应用在建筑设计上,VR社交更是在Oculus2016年度开发者会议中,由马克·扎克伯格本人展示。然而,VR的运用远不止这些,在医学、科研、军事、航天、房产开发、工业仿真、文物古迹模拟、Web3D、轨道交通、能源、数字地球等领域,VR都得以广泛应用,也难怪很多人把它称为继电脑、智能手机的下一个平台,甚至头戴式显示屏也被称为人类的最后一块屏幕。虽然现在虚拟现实领域在全球范围内来看都异常火热,但由于硬件发展的限制,还处于早期阶段。如今市场上没有统一的交互方式、界面规范,开发工具也不够完善,对普通大众来说刚搭建的VR平台缺少过硬的内容来吸引他们使用,因此虚拟现实对于大多数人来说还只是一个概念。但人类任何一项科学技术的发展都不是一蹴而就的，正因为一切的不完善，对不少人来说这也是时代给予的机遇，然而VR给了我们更大的惊喜，也就是它最让人着迷的一点，它将给我们开辟一个新的世界，一个充满想象力的世界，也提供了一个具有无穷可能性的未来。

二、拥抱融媒时代

（一）全媒体带来数字传媒新生态

媒体形态的不断迭代更新和创新发展，媒体主题内容、分发渠道、多种功能层面的融合，使得人们在使用媒体的概念时需要一个更加全面、意义涵盖更为广阔的词语来概括，这就使得“全媒体”的概念开始广泛适用。和新媒体侧重硬件与技术的概念不同，有人提出，“所谓全媒体，就是数和象在天、地、人之间变动和周流而建立的备包有无的媒体形式”①。

随着现代传播技术与新媒体应用的不断迭代创新、融合，媒体的呈现形态、价值功能和服务种类越来越趋于多样，一个“全媒体”的概念已经成为新时代新媒体发展的典型样态。“全媒体不断发展，出现了全程媒体、全息媒体、全员媒体、全效媒体，信息无处不在、无所不及、无人不用，导致舆论生态、媒体格局、传播方式发生深刻变化，新闻舆论工作面临新的挑战。”②从习近平总书记关于全媒体的重要论述，我们可以看到当前全媒体呈现出四大主要特征，那就是全程、全息、全员、全效。与在互联网发展初期只根据信息来源不同而言的所谓全媒体概念不同，新时代全媒体是一个具备全时空、高技术、多主体、强效果等多维度的综合概念，不仅强调媒体类型的多样化，而

---

① 任国杰. 童子问易[M]. 北京：人民出版社，2013：273.

② 加快推动媒体融合发展 构建全媒体传播格局[EB/OL]. (2019-03-15)[2022-03-20]. https://baijiahao.baidu.com/s? id=1628056519480311107&wfr=spider&for=pc.

且还强调覆盖人群、传播渠道、传播主体的多元以及整个媒介生态的营造。[①]

所谓“全程”，是指客观事物运动的整个过程都会被现代信息技术捕捉、记录并存储，[②]这属于时空维度。全程媒体指的是新媒体可以突破时间和空间的限制，进行讯息的畅通无阻碍传播。众多新闻事件和信息的整个过程都可以被实时记载并及时传播至世界各地。[③] 同时，全程媒体强调新闻生产“人人、时时、处处”的特征，受益于新传播技术，任何新闻事件的发生，同时就是新闻传播的过程。当前，媒介载体的快速发展，也让全程媒体的特性不断彰显。对新闻事件的第一时间直播报道，在某种意义上意味着整个新闻事件全程实时处于传播链条中。[④] 例如，在日常生活中经常会遇到的一些大型同步会议或学习直播，其实就是利用了社会化媒体全程传播的特性，学习者或受众可以通过移动终端实现对会议实时动态的全程关注。而人工智能、物联网、穿戴设备等在直播中的使用，可以让参与者身临其境，获得更多的体验感和参与感。

所谓“全息”，在这里的意思是媒体信息格式多元，如文字、图片、音频、短视频、长视频、游戏新闻等[⑤]，用户体验更加丰富和直观。大数据时代，在物联网、人工智能、云技术等新技术的支持下，各种各样的传感器使得人类采集到的信息越来越“全息化”。在此基础上，媒体给用户的新闻及其他各类信息的呈现形态也更为立体。[⑥] 以新华社现场云全国服务平台联合3100多家媒体为例，“平台内逾70%的现场新闻报道有视频直播流，短视频占比超过30%，图片占比超过60%，纯文字报道极为少见……在奔跑中发稿，视频直播报道比短视频拍摄轻松，短视频比图片轻松，图片比文字轻松。记者

① 黄楚新. 全媒体打造新数字传媒生态[J]. 现代视听，2019(5).
② 宋建武，林洁洁. 遵循新兴媒体发展规律 推动媒体融合向纵深发展[J]. 传媒观察，2019(4).
③ 黄楚新. 全媒体打造新数字传媒生态[J]. 现代视听，2019(5).
④ 黄楚新. 全媒体打造新数字传媒生态[J]. 现代视听，2019(5).
⑤ 黄楚新. 全媒体打造新数字传媒生态[J]. 现代视听，2019(5).
⑥ 宋建武，林洁洁. 遵循新兴媒体发展规律 推动媒体融合向纵深发展[J]. 传媒观察，2019(4).

自然而然选择了成本最低的生产方式”①。

所谓“全员”，是指各类社会主体（个人、平台、机构等）都可以通过网络参与社会信息交互，成为信息传播链条上的主体，通过网络进入社会信息交互的过程，这是在信息技术革命推动下社会信息化持续发展的结果。② 从社会发展的角度看，“全员化”也在相当程度上开拓了媒体报道的范围和视野，使普通百姓能够更积极地参与到新闻事件的发现、评论和报道中。近年来，微视、快手、小红书、美拍、抖音、梨视频等多个短视频平台的兴起，就是公众参与度大大提升的体现。

所谓“全效”，是指媒体功效的全面化③，全效媒体体现在媒体功能的全面化和传播效果的精准化。得益于互联网技术的飞速发展，互联网媒体具有明显的平台化整合集中趋势，在功能集中上媒体不仅是信息的提供者，更是服务的提供者，不仅有线上的应用，还有线下的服务，传播效果实现了全过程、全覆盖。各种各样的应用汇聚在同一互联网媒体平台上，这样的媒体平台功能空前丰富，远远突破了传统媒体较为单一的信息传播功能，正在成为社会的数据总汇和运营枢纽。④ 媒体行业多元化发展、多样态服务成为趋势，媒体生活成了每个人的生活方式。

（二）融媒：新时代媒介融合的必然表征

媒介融合是国内外学者根据互联网产业以及媒体的发展实际提出的最新概念。随着新时代新兴媒介如雨后春笋般地发展和媒介融合理论的引人关注，融媒概念日益成为学者和业界专业人士探讨的重要话题。近年来，媒介融合理论以及实践迅速成为产业热点被社会关注。笔者通过文献研究发

---

① 贺大为. 迈向全程、全息、全员、全效：现场云的媒体融合实践[J]. 中国记者，2019(2).

② 宋建武，林洁洁. 遵循新兴媒体发展规律 推动媒体融合向纵深发展[J]. 传媒观察，2019(4).

③ 宋建武，林洁洁. 遵循新兴媒体发展规律 推动媒体融合向纵深发展[J]. 传媒观察，2019(4).

④ 宋建武，林洁洁. 遵循新兴媒体发展规律 推动媒体融合向纵深发展[J]. 传媒观察，2019(4).

现,学界对媒介融合的相关概念还没有形成广泛共识,界定尚未清晰。很多与之相关的概念层出不穷,除了上文提及的“全媒体”这一重要概念之外,如“新媒体”“自媒体”“跨媒体”等各种相关概念、说法相互交织,你中有我、我中有你,因此需要我们对融媒的内涵和外延进行理论梳理和分析。

“新媒体”一般是指利用数字化技术,通过计算机、互联网、通信技术等载体,通过电脑、手机、电视屏幕、各类功能显示屏等终端设备,向广大互联网用户提供信息和服务的传播媒介。新媒体是新技术的产物,数字化、多媒体、网络等最新技术均是新媒体出现的必备条件,让媒体在技术层面、渠道层面、终端层面、服务层面都有了和传统媒体不同的存在和发展势态。

近年来,自媒体的概念逐步被大众所接受,在“人人都是自媒体”的时代,自媒体成为人们生活中的一部分,成为大众文化传播的重要载体和途径,微信公众号、百度百家号、头条号、微博、抖音等自媒体平台和自媒体人是合作共生关系,自媒体平台需要优质的内容,而自媒体人需要优质平台来发布内容。自媒体是媒介革命,是一次巨大的媒介革命,它让传播具备了私人化、平民化、普及化和自主化的特征。狭义的自媒体一般是指个体作为新闻制造和传播的主体,广义的自媒体不单单指个人创作,团队合作的企业微博、机构官方公众号等都可以算作自媒体。随着移动智能手机终端的普及、无限流量的开启和5G时代的到来,自媒体的门槛越来越低。在自媒体人集体狂欢的同时,自媒体内容良莠不齐的问题迫切需要相关法律的规范和管理。

跨媒体的概念早在20世纪90年代初就已经出现,有研究者通过分析认为“跨媒体系统是通过协调多种媒介传播内容使受众直接和不同的传播渠道交互,充分探索他们中每一个的潜能”①。2001年9月11日上午,美国本土遭遇了有史以来最严重的恐怖袭击事件,恐怖分子劫持民航客机撞向美

---

① 张成良.融媒体传播论[M].北京:科学出版社,2019:17.

国纽约世贸大楼,造成重大人员和财产损失。据报道,恐怖分子劫持飞机袭击世贸大楼南楼后不久,美国 CNN 等重要电视台便开始了不间断的全程直播,在 CNN 电视直播的画面中人们看到了第二架客机撞向世贸大楼北楼的惊人场景。几分钟后人们就可以在 CNN 网站上反复观看这些令人难以置信的真实恐怖画面,回顾 CNN 记者当时报道的突发状况。当天的《纽约时报》和《新闻周刊》都在第一时间把相关的报道发布在各自的网站上,配有文字、图片和电视画面。对这次恐怖袭击事件的跟踪报道,让人们第一次对跨媒体传播有了直观形象的认识。显然,跨媒体传播意味着信息在不同媒介之间的交叉叠加传播,也意味着媒介之间开始出现互动、共生、合作、同步关系。跨媒体的出现,预示着传媒领域进入了"大同世界",这个世界已经不存在单纯的报纸、电视、广播、网络,不同媒介之间的界限变得越来越模糊,媒介的存在越来越趋向一个东西,那就是传播媒介的融合。

在"全媒体""新媒体""自媒体""跨媒体"等概念之后,一个越来越被广泛接受和认可的概念——"融媒"开始出现。从媒介融合的历史演进来看,融媒实际上是媒介融合的必然走向。如果说一定要用一个关键词来概括融媒的话,首先就是"打破",融媒打破的是传统媒体与新兴媒体的边界,在内容、产品、服务、营销等方面实现优势互补、资源共享、合作共赢。这样的共赢关系实际上是新型的和谐、互补、互信的媒体关系。可见,"融媒"不是一个独立的实体媒体,融媒的本质是媒体和谐相融、共生共荣关系。融媒是以互联网为载体,把广播、电视、报纸、杂志等既有共同点又存在互补性的媒体形式实现资源融通的新型媒体关系和格局。

融媒能够让各种媒体发挥各自的相对优势,实现媒体之间的化学反应,将广播的便捷、电视的直观、互联网的无限(无限空间、无限时间、无限作者、无限读者)等相对优势发挥到极致,扬长避短,达到 $1+1+1>3$ 的效果,从而"各美其美,美美与共",让新老媒体在融合中成为更完美的一种传播形态。例如,传统媒体的价值是其产出权威、科学、可靠的优质内容的能力,而这正是流量平台和渠道王的新兴媒体最为渴求也相对稀缺的核心资源;新媒体的出现让内容摇身一变成为"产品",读者和观众如何成为自己随时了解的用户,正是传统媒体亟须解决的头等大事。因此,传统媒体和新兴媒体一拍即合、相互融合与补缺,就成为顺理成章的事情。再如,融媒时代,公共媒体与自媒体共同形成了一个媒体融合的生态链,以讯息为内容,以平台为路径,聚合起广播、报纸、书籍、电视、网络等公共媒体以及微信、微博、抖音等自媒体参与的融媒生态关系,渗透人们的日常生活,作为建立在现代网络技术之上、融合了多种媒介形态的新型媒介,融媒以互联网。融媒的发展将媒体的所有人、事、物要素汇聚在一起,正如麦克卢汉所言的"媒介是人体的延伸","融媒传播,本质上是弥补媒介感官上的偏差,终极目的是创设一个全觉传输,全觉收受的传播环境"①。

作为建立在现代网络技术之上,迎合了多种媒介形态的新型媒介关系,融媒利用数字技术使得"万物皆媒体",通过网络技术使得"人人皆媒体",通过移动终端实现"处处有媒体",通过大数据实现"时时有媒体"。融媒是指由国家意识形态媒体主导,多种业态媒体百花齐放,建立在大数据、互联网、智能终端等新科技的基础上,融合不同媒介形态、媒介主体、媒介时空等综合形成的媒介生态。强调融媒的国家主流意识形态主导地位,实际上凸显了融媒的发展和存在定位,也就是说融媒不仅仅是媒介之间的相互交融,而是有方向、有主导、有规范、有活力的媒介生存和发展势态。比如,中央广播电视总台推出的《主播说联播》短视频栏目,新闻主播结合当天的重大事件和热点新闻,用网红十足的网民语言传递出主流媒体的声音,吸引了大量粉丝和网民互动参与。目前,抖音平台上#主播说联播#话题参与量达55.6亿次。据国家广播电视总局发展研究中心报道,四川观察作为四川广播电视台旗下的一款新媒体旗舰产品,以"短视频+直播"作为核心产品思路,截

① 张成良.融媒体传播论[M].北京:科学出版社,2019:20-21.

至目前,在抖音平台上的粉丝数已达4770万[1],位居媒体账号的前列。

(三)融媒的"互联网"思维和特征

2016年2月19日,习近平总书记在党的新闻舆论工作座谈会上发表重要讲话,提出要尽快从相"加"阶段迈向相"融"阶段,从"你是你、我是我"变成"你中有我、我中有你",进而变成"你就是我、我就是你",着力打造一批新型主流媒体。[2] 习近平总书记在会上还指出,我们的主流新闻媒体,近年来在媒体融合方面做了大量的工作,但是有的只是"+互联网",不是"互联网+",没有实现融合。所谓媒体+互联网,简单理解就是媒体用传统的思维,原来的新闻生产方式、生产技术、生产流程生产的内容,在互联网平台或端口发布,就是把内容放在互联网上。这个非常必要,但是在融媒时代还远远不够。因为在融媒时代,我们需要牢牢掌握舆论引导的主动权,而不仅仅是发布内容。因此,融媒时代,我们的主流媒体必须有深刻的警醒和忧患意识,就是要通过"互联网+"来实现媒体融合。有学者提出,"互联网+"本质上就是互联网化,在融媒发展中,首先就是我们的主流媒体要有基于互联网建立健全与普通民众广泛深度紧密连接的渠道,就是要把正确舆论和主流价值传达给社会大众,就是要把媒体渗透到日常的生活中,在日常的生活中与社会大众紧密连接,从网下转到网上。可以说,能不能在网上与社会大众有紧密的联系,是一个媒体是不是符合融媒的一个基本标准,就是要基于"互联网+"的媒体发展思路,适应互联网的环境,基于互联网的传播规律、传播方式,甚至借鉴互联网的内容生产方式,根据互联网思维和环境去生产内容。

2019年1月25日,中共中央政治局在人民日报社就全媒体时代和媒体

① 主流媒体全面挺进短视频主阵地[EB/OL].(2021-06-08)[2022-03-20]. https://baijiahao.baidu.com/s?id=1701935046362371976&wfr=spider&for=pc.

② 宋建武,林洁洁.遵循新兴媒体发展规律 推动媒体融合向纵深发展[J].传媒观察,2019(4).

融合发展举行第十二次集体学习，中共中央总书记习近平主持学习并发表重要讲话，他提出，“党报、党刊、党台、党网等主流媒体必须紧跟时代，大胆运用新技术、新机制、新模式，加快融合发展步伐，实现宣传效果的最大化和最优化”①。习近平总书记非常关注目前短视频在融媒传播中的重要作用，认为其已经成为媒体新的主阵地和主战场。

当前，以抖音、快手、腾讯微视等为代表的短视频平台，凭借强大的社交功能，满足了人们多样化的精神文化需求，吸引了大量社会民众，尤其是大批年轻人的青睐。从传统媒体发展的视角来看，它们靠的不是提供优质的内容、权威的信息，而是成千上万的公众网民在平台上上传自己对生活的记录，包括自己对生活的感受。除了分享自己的状态，另外一个不可忽视的需求就是在公众平台上表现自己、展示自我的需要，这些都成就了所谓的国民级应用大品牌。以抖音为例，2021 年 1 月抖音发布的《2020 数据报告（完整版）》显示，截至 2020 年 8 月，抖音日活跃用户突破 6 亿；截至 2020 年 12 月，抖音日均视频搜索量突破 4 亿。

有学者统计，近年来抖音每天有超过 2000 多万条视频在平台发布，这样的视频内容显然是无法通过某个机构或组织实现操控、集中、有计划地生产的。平台这么受欢迎的真相只有一个，那就是平台背后社会大众的自觉参与。可见，融媒发展的生命力就在于焕发社会大众的参与度，就是要基于互联网上的信息交互，即媒体不再是单向的信息传播，而是适应了社会大众的内在需要，一方面是满足社会大众的信息需要，另一方面就是满足社会大众参与社会生活、与社会群体的其他互动需要。因此，遵循“满足需求、用户至上、体验为王”等的互联网思维，是融媒发展的必然走向。

同样受到广泛关注和参与的还有快手平台。据网易科技报道，截至

---

① 习近平：推动媒体融合向纵深发展［EB/OL］.（2019-01-25）［2022-03-20］. https://baijiahao.baidu.com/s? id = 1623627024428154480&wfr = spider&for = pc.

2020年6月30日，快手主应用平均月活跃用户数为4.85亿，平均日活跃用户数为2.58亿，平均每月短视频上传量超过11亿条。快手创始人兼CEO素华曾分享指出，之所以做快手这个产品，初衷是为了帮助他在湘西的父老乡亲们记录自己的生活。因为当地的很多人不会识文断字，很难用文字来表达自己，但是通过拍摄视频然后上传到平台这样最简单的方法，很多偏远地区的人有了表达自己的地方。这也是快手坚持不去运营大号、坚持走平民路线的原因，平台尊重和保障所有人平等的权利。

当前，我们的主流媒体在走向融媒的路上，必须真正按照互联网的思维和特征来打造。一方面，建立起与人民群众基于互联网的紧密连接；另一方面，尊重互联网的传播规律，适应互联网的传播规律，而不是仅仅把互联网作为一个放大传统媒体声音的渠道。通过“互联网＋”而不是“＋互联网”，是实现媒体融合的一个基本指导思想。

第二节　融媒时代的大脑重构

世界的无限丰富性和体验相对有限的我们之间链接着一个个媒体，客观世界在主观媒体的声光电中难以呈现纯粹的样貌。随着世界越来越“过滤、编码、加工”成为数字世界、媒介世界、新闻世界，世界也就越来越成为媒体世界。大众的信息来源和认知水平取决于媒体的发展水平，可以这样说，谁控制了媒体，谁就占据着话语权，谁就掌握着世界。媒体的失范造成事实的颠倒，媒体的严谨带来客观的真相，融媒时代的大众认知，实际上就是融媒塑造大众认知的过程。

一、融媒时代的信息交互

1. 信息传播即时快捷，信息需求及时满足

随着移动终端的功能升级以及互联网科技的快速进步，移动网络直播正在成为新的媒体传播形式。移动网络直播具有即时、高效的传播优势，极大地满足了网民快节奏工作和生活的需要。移动端网络直播成为融媒时代的新生事物，正在成为一种主要的媒体参与途径。我们在移动端看到的诸多新闻就是媒体记者、自媒体制作人或者就是普通网民仅凭一部智能手机，把身边出现的突发事件及时记录并实时在网络上直播发布的。

央视《机智过人》第三季制片人张越指出，“网络直播最大的优势是互动，反馈得很快，让我们知道大家喜欢什么，为什么喜欢；电视完全是靠一种我们对观众的揣测，播完之后除了收视率之外，很难得到其他的信息，节目录制植入网络直播形式会让内容更加鲜活”①。数据显示，《机智过人》每期观看直播的人数均超过百万，其中直播农业全流程、无人化作业实验通过央视新闻客户端、央视影音 App、央视影音 OTT、《机智过人》公众号、西瓜视频、快手视界等九大平台同步进行，观看人次近 400 万，单个平台点赞数超过 50 万；魔方人机大战直播，观看人次近 470 万，截至目前，《机智过人》抖音单条短视频播放量已达 4500 万 +，单条点赞达 200 万 +。融媒时代，人们对信息的即时性、真实性、突发性、互动性的需求，已经远远超过信息的完整性、系统性和权威性。融媒时代，谁能掌握第一线的信息资源，谁就能够在媒体竞争中占据优势，满足受众对突发事件、新闻事件、重大赛事、重要活动等第一时间了解的信息需求。可以看到，融媒时代的传播已经极大地超越

① 融媒体时代，网络直播让科技类节目焕发新的生命力[EB/OL].(2019-07-25)[2022-03-20]. http://www.cmcj.com.cn/show.php? id = 377&channel = 2.

传统电视台信息加工和新闻制造的“滞后”报道方式，媒体进入了直播时代。

如今，媒体直播已经渗透千家万户、各行各业。中国互联网络信息中心发布的《第48次中国互联网络发展状况统计报告》显示，截至2021年6月，我国网络直播用户规模达6.38亿，同比增长7539万，占网民整体的63.1%。其中，电商直播用户规模为3.84亿，同比增长7524万，占网民整体的38.0%；游戏直播的用户规模为2.64亿，同比减少452万，占网民整体的26.2%；真人秀直播的用户规模为1.77亿，同比减少875万，占网民整体的17.6%；演唱会直播的用户规模为1.30亿，同比增长896万，占网民整体的12.8%；体育直播的用户规模为2.46亿，同比增长5305万，占网民整体的24.4%。

2. 海量资讯铺天盖地，信息内容包罗万象

融媒时代的媒体呈“历时性”逻辑发展，媒介发展不以一众新兴媒介取代之前媒介为目标，不是相继替代的发展，而是相互融合，“你中有我、我中有你，你就是我、我就是你”的融合状态。因此，融媒不是取代了传统媒体，更不是消灭了传统媒体，而是在新的技术赋能背景下，实现了所有媒体形态的重塑与融合。在新科技、新平台、新运用的联合催生下，各种传统媒体纷纷出招，主动求变。以《人民日报》为例，自2014年至今，《人民日报》已经形成“1+3+1”的全媒体矩阵：“1”是《人民日报》的主体机关报；“3”是融媒端的三大平台——人民网、两微两端、电子阅报栏；最后的“1”是“中央厨房”，“中央厨房”采用“一次采集，多种加工，多平台分发”[①]的机制，其建设不但成为《人民日报》媒体融合工作的战略引擎和重要支柱，还为其他媒体提供了媒体融合模式的参考与借鉴。

---

① 苏明明.“中央厨房”模式下人民日报的新闻生产方式研究——以十九大报道为例[J].视听，2018(10).

以传统书籍为例，随着融媒技术的快速推进，App 读书成为人们在日趋繁忙的工作生活中读书的便捷选择。手机阅读、听书成为传统纸质书籍在融媒时代创新发展的重要途径。2021 年 3 月 31 日，中国出版高层论坛进行了“全民阅读推广大使”的评选，全方位展示了全民阅读活动取得的成就，发掘并奖励在推动全民阅读、打造书香中国过程中起到示范带头作用的典型人物。其中，“互联网 + 阅读”成为关注的焦点，“樊登读书”创始人、首席内容官樊登，“凯叔讲故事”创始人王凯，著名主持人王芳获得“2021 年度全民阅读推广大使”荣誉称号，以此鼓励他们在推广全民阅读、探索文化消费的不同领域作出的贡献。以“樊登读书”App 为例，该读书平台创办于 2013 年，截至目前已拥有 4400 多万注册用户，累计收听人次超 10 亿次，阅读推广大使超 10 万人。如今的“樊登读书”不仅是快节奏社会里的“移动学习中心”，也成为一种现象级的文化传播媒介，以贯穿阅读及知识付费产业全链条的多样化产品服务，吸引越来越多的读者参与。在创立的 8 年多时间里，“樊登读书”App 聚焦精品内容创作，致力于将轻松、活泼、科学的内容“深入浅出，化整为零”传递给用户，让知识以趣味性、通俗化的方式被读者所消化吸收。同时，基于已有的服务与品牌，“樊登读书”App 加入领读直播、网上书店等多种形式，用目前流行的“直播带货”等方法有效推动全民阅读，同时还细分读者市场，深耕开展线上学习营、直播论坛及线下体验沙龙等活动，为用户带来更加多元化的知识付费及货真价实的美好阅读体验。

3. 信息交互实时进行，信息体验广受喜爱

在建立在 5G、8K、AR/VR、云计算、人工智能等新技术基础上的融媒生态中，传播已不再是传统意义上的单向“宣传”，而是双向、多向的互动传播。在观念上，融媒奉“满足用户需求，提高用户体验”为圭臬。因此，融媒在形式上更多地具有双向互动性甚至是多向互动性。传统的电视媒体开始通过“互联网 +”把精彩内容链接到网上，用户只需打开手机就能观看电视新闻，

更加关键的是基于大数据技术的移动网络电话有了回看回放的功能,用户完全不用担心错过电视的收看时间,直接拖动进度条,就可以随时随地观看自己喜欢的电视节目和栏目。更加令人欣喜的是,网络电视还有观众的留言互动评论区,可以让收看者实时参与互动,最新的弹幕技术可以直接把观众的留言在大屏幕上滚动播放,当然,观众也可以选择取消播放弹幕,一切都以满足观众的体验为主。基于移动互联网的电视节目,观众已经不再是过去坐在电视机前面那个被动接受电视信号的人,而是成了选择信息的主人、参与新闻互动的主体,评价人们对节目喜爱程度、质量高低的标准也由以前的“收视率”转变成现在的“流量”。[①]

2018 年全国两会期间,浙江卫视联合新蓝网、“中国蓝新闻”微信官方公众号开通互动平台,供普通网友与代表委员进行线上实时沟通交流,并大力发挥浙江广电集团新媒体核心产品——中国蓝新闻客户端的重要作用,以“直播”“视频”“蓝媒号”为核心平台,反映民声呼吁,回应百姓关切。在此次两会期间,“蓝媒号”共收集全省多地网友的自拍微心愿 600 多个,及时反映和传递了浙江好声音,表达了浙江百姓对未来生活的美好期盼。浙江卫视《新闻深一度》《浙江新闻联播》等栏目策划推出《会问会答》《两会我提问》等特色窗口,把群众的心声和意见、建议带到两会会场,与相关代表委员展开有效的互动沟通。“上下楼”的幸福感怎么来?“海归”如何引得进留得住?如何培养乡村好教师?如何让新能源汽车跑得更顺溜?[②] 在线网民可以分享自己的观点和意见,并就热点问题和相关代表委员在线交流。代表委员结合自己对实际情况的了解以及对国家大政方针的解读,就相关民生话题耐心解答在线网友提出的各种问题、难题。节目的内容接地气,反映百姓需求,解答民众困惑,当然就引发了来自底层群众的积极关注和欢迎,

① 新媒体时代电视媒体的转型升级策略研究[EB/OL].(2017-08-31)[2022-03-20]. http://media.people.com.cn/n1/2017/0831/c414067-29506558.html.

② 吕建楚.深融合 强交互 重体验——浙江广电集团融媒传播的实践与启示[J].新闻战线,2018(4).

参与互动的在线网友短时间内就累计超过了上百万。

可见,融媒发展的实质是极致的客户体验和需求满足。随着社会民主政治的迅速发展,老百姓有话说、想说话、敢说话,主流媒体要看到这个巨大的"客户需求",不仅要在技术上下足功夫,更要在服务理念上做到融媒创新发展,其中的关键之举就是以有效的互动传播告别传统媒体的单向"宣传",以交互的多向传播提升百姓对融媒平台的"客户黏性"。

4. 信息产品精准投放,信息偏好个性满足

融媒时代,满足客户的信息需要和交互体验是媒体发展的关键因素,没有广大网民的热情参与和互动,没有群众在移动端对媒体的"爱不释手",更多的融媒、新媒体、全媒体都只是概念和文字游戏,再多的高科技,再好的新设备,也无法实现融媒的应有功能。而一个显而易见的事实是,物以类聚,人以群分,每个人的需求是不同的,即使同一个人在不同时期的需求也是不尽相同的。我们的主流媒体应该充分意识到这一点,然后借助新技术、新算法、新理念来对群众的信息要求进行"无缝对接",精准推送、精准满足、精准传播。正如习近平总书记所言,"要探索将人工智能运用在新闻采集、生产、分发、接收、反馈中,全面提高舆论引导能力"①。

以时下新媒体界最为受宠的平台之一抖音为例,这款以短视频为主的平台在融媒时代是一个奇迹般的存在。抖音 2021 年初发布的年度报告显示,2020 年抖音视频搜索月活用户已超 5.5 亿,日均视频搜索量已突破 4 亿,很多用户已经把抖音作为日常的视频搜索引擎在使用。很多用户表示,一刷抖音,根本停不下来,会一个接一个地不停刷下去,其中一个主要的原因是抖音系统会算出用户的兴趣点,然后不停地推送个性化的信息内容给

---

① 习近平总书记谈媒体融合发展十大"金句"[EB/OL].(2019-01-28)[2022-03-20]. http://www.xinhuanet.com/zgjx/2019-01/28/c_137780302.html.

用户，实现信息的精准投放。

比如，当你在一个关于汽车的视频上浏览停留超过一定的时间，那么抖音系统会在后台给你这个账号贴上一个对汽车感兴趣的标签。这里所说的标签，其实就是垂直细分领域的标签。在抖音系统，这样的标签随处可见，比如母婴、情感、职场、电影、励志、小说、休闲、口才、办公等。抖音还会同时推送主题相似的不同视频，比如推送一段燃油车视频，再推送一段电动车视频，就是为了清晰地鉴定用户在汽车领域的兴趣是传统的燃油车，还是新能源车，从而精准地贴上用户标签，满足用户的精准需要。有学者曾在公开讲座中提到，抖音在初创时期，公司的1500多名工程师中，差不多1200人是做标签运算的，其中1000多人的工作就是给内容贴标签，以便系统及时算出不同用户的“信息画像”，让信息分发更有效率，推荐更精准，实现个性化的内容分发。2020年9月15日，抖音在上海举办第二届创作者大会，北京字节跳动CEO张楠表示，人是抖音的核心，抖音的功能和服务都应该以人为核心展开，抖音正在让短视频平台成为人们的生活方式。人是抖音的根本，短视频和直播只是人们用来表达自我的工具，而人是自然、鲜活、有活力、拥有无限可能的存在。

可以看到，融媒的未来应该是人的融合，不是信息的融合，也不是内容的融合。数据只是工具，人才是根本目的，内容精准分发的目的是精准帮助、个性满足。比如，抗疫期间，抖音成为居家隔离的人们了解疫情进展、防疫动态的主要平台。全民抗疫期间，“学做饭”“在家锻炼”“想见你”等成为热门标签，“云聚餐”“云旅游”“云健身”等成为无聊生活中的一抹亮色，用户都在用自己的幽默和想象力来对抗烦闷、焦虑和孤独，而他们的乐观也通过抖音传递给了很多人，鼓舞更多的人参与其中。在抗疫特殊时期，抖音直播电商助力了经济复苏，云逛街、云卖房、云卖车开始流行。2020年4月8日，武汉市副市长李强通过抖音直播向全国人民推荐知名湖北产品。截至当天24点，直播带货总销售额达1793万元。随后的两周，湖北全部13个地市的市长、副市长都先后走进了抖音直播间，为自己的城市带货。可见，融媒的生命力在于创造用户的美好生活。融媒时代，任何媒体想要获得发展空间，都不得不思考，在媒体上的每一分钟，用户是否能够获得与之匹配的价值？

二、融媒时代的大众认知

在融媒给我们带来即时讯息、丰富内容以及娱乐生活的同时，我们也要清晰地看到建立在互联网技术上的融媒也在潜移默化地影响着我们的认知，重塑着我们的大脑。令人担忧的是，这种影响和改变常藏着危机，需要我们对此有充分的认识和警惕。

在生活中，我们大多数人会有这样一种共同的感受，那就是很难静下心来阅读一本书，往往看不了分钟，就会忍不住掏出手机，刷刷抖音、看看微博、浏览微信等才觉得舒服，或是思考问题时经常被手机 App 的通知、微信消息等打断思路，无法全神贯注解决问题。这到底是怎么回事？又会造成什么样的影响呢？美国著名科技作家尼古拉斯·卡尔（Nicholas G. Carr）在他的著作《浅薄——互联网如何毒化了我们的大脑》（*The Shallows：What the Internet Is Doing to Our Brains*）一书对这个问题进行了探讨。

卡尔非常认同媒介理论家麦克卢汉的著名观点，即认为“媒介的形式比内容更重要”。人们在用媒介传递信息的同时，媒介本身也会改变人们的思维方式，甚至塑造社会形态。比如文字和书籍的发明，让人们的表达从注重情感直觉转成注重理性逻辑，而随着电视广播的普及，个体之间的思想和感觉会更统一，世界会成为一个关系亲密的地球村。因此，互联网的出现也同样对人类的思想认知和社会形态起着重要的影响作用。

1. 媒介为什么能改变思维方式?

20 世纪 70 年代,随着脑科学技术的进步,神经生物学家开始利用大脑扫描装置和其他探测设备,在动物和人身上做了一系列实验,他们惊讶地发现大脑具有很强的神经可塑性,新的神经细胞会始终不断地产生形成新的神经回路,进而改变大脑结构。比如有实验证明,一个人意外失明后,处理视觉信息的大脑皮层并不会萎缩,这部分神经细胞会承担起听觉处理的任务,所以很多盲人的听觉都非常灵敏,假如这个人又去学习盲文,这些细胞又会被重新部署用来处理触觉信息。

很多神经生物学家认为,类似这种神经可塑性带来的大脑变化,每时每刻都在发生,贯穿我们的一生。每当我们行动或思考时,大脑中都会有一批神经细胞被激活。与此同时,那些不常用的神经回路会慢慢消亡,里面的神经细胞会被分配去执行其他任务。神经可塑性理论为“媒介可以改变思维方式”的观点提供了生物学依据,从历史发展来看,人类总是通过发明各种技术工具来扩展自身的力量,比如望远镜让我们看得更远,汽车让我们移动得更快,在这些技术中有一类技术的目的是扩展我们的脑力,我们可以把这类技术称为智力技术,本书提到的很多媒介形态作为人类文明交往的技术工具,从图书、报纸、广播、电视、电话,再到互联网都属于智力技术。人们在使用这些技术时,会以特定的方式去阅读、存储和解释信息,最终某些神经回路会得到强化,另一些回路会弱化消亡,从而形成带有媒介特征的思维方式。

例如,在书写技术诞生前,人们都是用口语交流沟通,知识就是大脑能记住的内容。随着文字的出现以及活字印刷术的发明,人们逐渐进入书写文化,在书写文化的影响下,人们处理信息的速度和深度明显提高。有心理学家研究指出,熟练阅读者的大脑视觉皮层会发展出专门的神经回路,用来快速辨别文字组成的视觉图像,书面文字培养的快速阅读能力,大大提升了我们吸收信息的效率。而在阅读时人们必须训练大脑忽视周围变化的环境，抵抗把注意力从一个感官信号跳转到另一个感官信号的强烈欲望，这让我们形成了控制注意力、避免精力分散的神经回路。当一个人能快速又专注地阅读，他自然有更多的精力去深度思考内容，长时间的专注为人们开辟了一片安静的心灵空间，在这里人们可以结合书籍内容去展开联想，进行推论，更深刻地领会写作者的意图，这就是很多人提倡的深度阅读。因此，深度阅读时，我们其实并不是在单纯地认字，而是在充分调动大脑进入一种沉思冥想的状态，去体验文字带来的思想和感情刺激，在和文字的交流互动中形成自己的思想。读者对文字思考深度的提升也给作者提出了更高的要求，促成了作者和读者相互水平的不断提高。这让人们对自身和世界有了更深的认识，这样的深度思维是人类文明的重要推进器。

2. 互联网如何让我们变得浅薄？

互联网和书写技术刚好相反，它让人们丧失专注力，从有深度的系统性思维转变为浅薄的碎片化思维。作为媒介的互联网主要有四个特点：超链接、多媒体、社交属性和自动提醒。下面我们通过这些特点来简要说明互联网是如何影响人们的专注力的，这在融媒时代值得我们每个人自我反思和审问。

（1）超链接。许多互联网文章会给关键字加上超链接，鼠标点击后就会转到新的页面，方便读者进一步了解相关内容。超链接的目的是鼓励读者阅读更多的内容，而并不在乎这些内容和之前的文章有多大关系。搜索技术的日新月异加剧了这种现象，即便文章本身没有超链接，我们也可以复制粘贴关键词在搜索引擎中找出更多的信息，结果就是全神贯注的深度阅读变成了在不同文本中跳跃的碎片化阅读，让我们丧失了专注力。

（2）多媒体。比如图像、视频、音频等媒体样态，同样会分散我们的专注力。很多人认为相比单纯的文字，多媒体会加深理解程度、强化学习效果。

这种说法有一定的道理，比如学习历史时，如果相关事件有配图，我们对这段内容就会有更深的印象。但多媒体有效的前提是内容注脚不能过多，否则就会和超链接一样打断读者思考的连续性。更不用说，现在网上很多多媒体内容都是商业广告，目的就是引诱用户点击关注，极大地分散了用户的专注力。

(3)社交属性。互联网在传播信息的同时也提供了讨论信息的平台，一切内容都可以成为互动的话题。在微博上看新闻时，我们可以转发回复别人的评论；在视频网站看视频时，我们可以发弹幕表达感想；在朋友圈，我们可以发表对某个事件的看法。与纸质阅读的媒介形态不同，互联网上的交往不再是读者与作者跨越时空的对话，不再关注文本的思想性和文学性，不再把阅读作为获得心灵发育和精神成长的重要途径，而是作为社交的一个“谈资”，一个证明自己有社交能力和价值的活动。因此，互联网上的阅读生态自然而然地开始追求“短、平、快”的快餐式阅读，作者也会舍弃对写作内容的深耕细作，转而钟情于通俗易懂的碎片化写作，不再要求读者进行深度阅读。

(4)自动提醒。在如今的移动互联网时代，无论工作还是生活，我们都离不开各种 App。即便我们终于找到一个清净的空间拿起一本书，希望投入深度阅读中的时候，我们还是有可能被手机 App 的各种通知铃声打断：微信会提醒你有新消息、电子邮箱会收到工作相关的新邮件、订阅的新闻 App 更是 24 小时不间断推送“头条”“热搜”……信息爆炸带来了信息恐慌和焦虑，人们在信息面前不断被“异化”。因为害怕错过重要信息，人们往往难以关掉这些通知和提醒，以至于在这种潜移默化中丧失了长时间保持专注的能力习惯，隔一段时间就要查看手机，看看有什么新的消息动态，如果不这么做就会感到心神不宁，感觉会被世界“抛弃”。这种专注力的丧失会导致人们的记忆力下降，不仅会损害思考能力，还会对个体人格社会文化造成威胁。有脑科学家提出，储存长期记忆的潜意识，也是我们学习和理解事物的基础资源,记忆会在潜意识里彼此关联形成系统的知识结构。换句话说,如果我们记不住,就难以进行深刻思考。互联网带来的分神会损害我们解决问题的创新能力,当我们习惯在多个任务中跳跃切换,我们的想法会变得轻率肤浅,容易依赖常规思想和传统办法,这会阻碍思考,影响人格和文化的形成。除此之外,专注力的丧失还会影响我们的道德感和同情心,研究者认为大脑需要足够的时间,进行足够的反思,才能理解他人心理和道德层面的抽象感受,我们的注意力越分散,就越难以体验同情、怜悯等最具人性特征的微妙情感。从这个角度来说,互联网带来的专注力丧失,不仅会让我们更浅薄,也会让我们更冷酷。

3. 社交媒体如何加固我们的偏见?

从我们目前的融媒系统来看,无论是在用户数量还是活跃程度方面,商业媒体尤其是商业社交媒体,都在使出浑身解数最大化地赢得市场,赢得胜利。在底层的生存逻辑上,他们努力的目标、最终的指向,就是如何最大限度地让用户活跃在他们的平台上,如何最大限度地去获取用户的时间和注意力,让用户对自己的平台"上瘾""欲罢不能",这是商业媒体心照不宣的目的。因为这样做可以尽可能多地搜集到关于用户的数据,比如用户的喜好,只有充分了解用户的内在需求,商家才可以更加精准地向用户投放广告。例如,当你和一个朋友在微信里面聊笔记本电脑的时候,你会惊讶地发现,在你刷朋友圈的时候,不时会跳出有关笔记本电脑的商业广告。可见,很多网络社交平台的目标就是要比较精准地知道用户的喜好,这些在计算机上都以数据的形式存在,平台可以将这些数据卖给各自的商家。

令人担忧的是,随着时间的推移,社交媒体上的大数据演化不会仅仅停留在生成数据、发现数据、出售数据这几个阶段,甚至会慢慢改变用户的认识和想法。比如,你本来对补充维生素 B 没有兴趣,但平台可以推送大量"他人的声音和观点",告诉你补充维生素 B 有什么好处,以及缺乏维生素 B

会带来的问题,从而诱使你对此产生兴趣。有学者曾指出,社交媒体甚至能够操控用户的想法和行为,小到影响用户的心智模式,大到影响一个国家的总统选举,甚至影响一个国家的政局。

2018年9月12日,《北京青年报》发表了一篇题为《整容低龄化趋势亟待有效干预》的文章,新华社记者调查发现,一些孩子痴迷于追求外貌的完美,不少家长盲目跟风带孩子"动刀",整容日益低龄化。[①] 为什么现在青少年整容的新闻越来越多?这和媒介技术和社交媒体有深层次的逻辑关系。现在的智能手机都有滤镜、美颜功能,小米创始人兼CEO雷军曾在其个人微博上公开表示,"小米组建最BT的美颜团队,横跨七八个领域,为了做好美颜,首先每个工程师都需要接受化妆造型培训,接着请帮明星修图的专家做产品经理,每张自拍图,先人工修,修好后让AI自动学习,真实模仿了整个化妆过程,展现了AI美颜的效果"[②]。同时,社交媒体普遍都有点赞和转发功能,滤镜和美颜处理过的图像会显得更美,在社交媒体上更容易得到网友的点赞,用户也会因此沉浸在自己的美颜和别人的赞美声中无法自拔,特别是对于青少年这类心智发育还不够成熟的人群,他们不太容易、不太愿意接受一个真实"素颜"的自己,对自己的"外在表象"更加敏感。因此,虚拟世界中的"虚荣感""过度满足"会让很多人在现实生活中感到恐慌,担心别人的吐槽和批评,这种对现实生活的"焦虑",也是近年来青少年抑郁症和自杀现象产生的重要原因。

更为引起我们重视的是,社交媒体还在不知不觉中塑造着我们的个性选择和偏好。以搜索引擎谷歌(Google)为例,当在里面搜索气候变化的问题时,你会发现谷歌会根据用户所在地的不同而给出不同的答案,有的地方

① 整容低龄化趋势亟待有效干预[EB/OL].(2018-09-12)[2022-03-20].http://health.people.com.cn/n1/2018/0912/c14739-30287433.html.

② 雷军晒最"BT"的小米团队:所有工程师都会化妆[EB/OL].(2017-09-25)[2022-03-20].https://baijiahao.baidu.com/s?id=1579515384600215319&wfr=spider&for=pc.

的用户搜出来的结果可能是“气候变化是一场骗局”；而有的地方的用户会看见“气候变化是因为对大自然的破坏”。这个与我们当下使用的百度、360等传统搜索引擎不同。在传统的搜索引擎上，无论是谁，只要输入同样的关键词，搜索出来的结果就是一样的，看到的内容也是一样的，但是谷歌不一样，谷歌搜索会根据用户的所在地和它对用户个人兴趣的掌控，和用户平时在网上的行为“计算”出该用户“偏爱”的答案，它会尽量推送该用户喜欢看的内容，因为用户大概率会在喜欢看的内容上面停留更久，从而更牢固地吸引用户和流量。浏览媒体信息会被欲望所摆布，人们浏览的不是信息，而是焦虑，浏览的不是新闻，而是欲望。当我们在屏幕上不停地滑动手指的时候，实质上是欲望通过媒体在控制着我们。

最新的算法会让每一个人看到的网络世界完全不同，社交媒体加大数据，把心理学的原理运用到科技上，通过刻意的设计去引导人的行为，潜移默化地塑造着我们每一个人。算法比我们更清楚我们喜欢什么、厌恶什么，用户会毫无反抗地去接受呈现在他眼前的世界，因为自己很难控制，只有算法操控用户。我们可以设想，长期在社交媒体上生活的人们，看到的内容都是自己喜欢的，都是自己愿意看见的，容易加固自己的偏见，形成一种错觉，觉得好像大部分人的想法都跟自己是一样的，每一个人都认同自己，因为自己的世界里很少有不同的声音。适应了这种状态之后，用户甚至会非常反感和厌恶接受不同的声音，几乎极端地偏见，变得非黑即白、非此即彼。一旦互联网用户进入这种状态，从某种程度上可以说他被社交媒体的算法所“操控”了。

进化心理学家认为，受原始生活中人类的求生、避险本能的“基因”影响，我们更关注负面新闻和坏消息。有人甚至统计过在互联网上假消息比真消息的传播速度要快6倍。网络是把双刃剑，媒介也是。融媒时代，任何人都可以是记者、编辑、作家、摄影师、制片人，每天在网上创造资讯。网上资讯泛滥，当中有真有假，网民素质参差不齐，不乏误导成分。在信息良莠不齐的网络世界中,要充分地认识到每个人存在的认知偏差和风险。逃离不了媒体的包围,对媒体失去选择和判断的能力将会剥夺一个人的发展空间,让人随心所欲、随波逐流。媒体时代,管理好媒体,选择好媒体,是一个人自主管理、自我发展的重要标志。

如今,互联网和社交媒体已经成为我们生活中不可分割的一部分,不可能也没必要避而远之,毕竟科技是不可逆的。当前,我们尤其需要的是培养和提高自身的媒介素养,理性参与社交媒体生活,不过早下结论,不轻易做判断,做到兼听则明。学会处理媒体资讯,辨识资讯真伪及优劣,分析资讯,传递信息以及有效运用资讯。培养媒体素养,可以从以下四个重要问题出发去思考:第一,你懂得在有公信力的平台上寻找资讯吗?第二,资讯来源是否真实准确可靠?第三,资讯内容或价值观是否有问题,是否适合对外分享?第四,你使用或创造资讯时会带来什么影响?可见,媒体素养是融媒时代每个人的必备能力,尤其需要在青少年一代加强教育。当然,作为网络世界的公民,我们应该时刻恪守互联网道德,共同培育积极健康向上向善的网络文化,让网络空间充满正能量,高扬主旋律。

第三节　融媒传播的发展逻辑

一、以微传播为特征的“微型”逻辑

新的融媒技术每时每刻都在改变着人们的媒体接受方式和生活方式,基于大数据、云平台、互联网、5G、云计算、物联网等新科技基础的融媒服务,正出现新的特点,那就是以微博、微信、微视频等特征的“微传播”正在成为众多民众日益喜爱的媒介生活方式。

如今，随着人们工作生活节奏的日益加快，时间成为一种稀缺资源，工作也好，生活也罢，时间总是稀缺的。因此，时间在融媒生活中也存在着一个资源配置的问题。可以说，在最短的时间内获取最多的媒体信息，是融媒时代每一个民众的真实需求。因此，在时间相对有限的整体时代背景下，以更快的速度、更短的时间获取更多的传播信息，正在成为当下人们所追求的媒介生活方式。近年来，在融媒发展的大潮中，适应这种社会客观需要的微传播方式，逐渐出现在人们的媒介生活中。有学者提出，所谓微传播，指的是"以微博、微信、移动客户端等新媒体为媒介的信息传播方式"①。国内最早使用"微传播"这一表述的是中国人民大学的栾轶玫，她认为，"微传播这种传播方式的核心特征是'微'，即传播内容是'微内容'（一句话、一个表情符号、一张图片等）；传播体验是'微动作'（通过简单的按键操作、鼠标点击就能完成选择、评价、投票等功能）；传播渠道是'微介质'（手机等介质）；传播对象是'微受众'（小众、对象性传播）"②。与传统的大传播理念相比，微传播具备"随时、随地""事事、人人"等特征。

微传播通过及时高效的声、光、电等信息，及时更新和同步不同用户的评论，并在多个平台及时推送发布，实现了用户的实时更新与多向互动。微传播时代，信息传播更加海量、多元、多样，用户分类分群更加精准高效，内容生产更为个性化、即时化、标签化、娱乐化。微传播方式正在以信息传播和交互最低的成本、最小的投入、最有效的信息，成为融媒时代媒介传播的新样态。比如微博 140 个字符的预设、微视频 3 分钟的限制、微电影最多半小时的容量等，这些短小精悍的微信息通过移动终端，经由 4G 或 5G 网络，在各个平台和端口瞬间发布，用户可以随时随地畅享、转发、评论、互动这些"恰到好处""无微不至"的微信息。

---

① 唐绪军，黄楚新，刘瑞生. 微传播：正在兴起的主流传播——微传播的现状、特征及意义[J]. 新闻写作，2014(9).

② 栾轶玫. 2007 年新媒体制度盘点[J]. 现代视界，2008(1).

中国互联网络信息中心发布的《第48次中国互联网络发展状况统计报告》显示，截至2021年6月，我国网民规模达10.11亿，其中短视频用户规模为8.88亿，较2020年12月增长1440万，占网民整体的87.8%。2021年3月，短视频应用的人均单日使用时长为125分钟，较长视频高出27分钟，且差距呈增长趋势；53.5%的短视频用户每天都会看短视频节目，这一比例较长视频(36.3%)高出17.2个百分点。

随着微传播方式被民众迅速认可和喜爱，融媒时代进入了微时代。每一个媒介参与者都是微传播的使用者和受益人，通过微传播到达所有人，在瞬息万变的信息社会交互中，筛选、过滤、选编自己的信息结构，塑造着自己的信息世界。

二、以数字化为驱动的技术逻辑

从数字到数字化的过程，实际上也是从以自我控制、自我管理为主的IT(Information Technology)时代，走向以服务大众、激发生产力为主的DT(Data Technology)时代。IT和DT之间看起来似乎是一种技术的差异，但实际上是思想观念层面的差异。融媒时代的技术逻辑，实质上就是要让数字化驱动传统媒体和主流媒体的发展，因为数据化可以打通不同信息之间的联系，包括不同行业信息的联系，可以实现信息的跨界融合。这种跨界不仅仅是跨媒体，更多的是跨地区、跨行业。

近年来，党中央积极推进建设县级融媒中心，提出要把县级融媒中心建设成为综合服务平台。这样的综合服务平台必须把不同行业的数据打通，打通的核心不在于把各种信息汇总，而是通过数据化分析，得到不同数据之间的联系，生成系统化的大数据。比如，我们可以综合采集和融合公安、民政、电力、银行等系统数据，通过数据化分析，就可以对一个人的需求、一个事物的发展状态有更加全面的认知和分析，我们的融媒综合平台才能够更好地给人民群众提供服务。正如习近平总书记所指出的,“媒体融合发展不仅仅是新闻单位的事,要把我们掌握的社会思想文化公共资源、社会治理大数据、政策制定权的制度优势转化为巩固壮大主流思想舆论的综合优势”①。

显然,建设县级融媒中心、实现平台综合服务功能,就必须建构在数据化技术上,这是未来我们整个媒体融合发展的底层力量,也是我们主流舆论阵地建设的主要内容。在内容建设方面,县级融媒中心需要用“中央厨房”的集成化、数字化技术去打造。在信息采编工作的数字化之后,形成集成工具,通过云服务给县级融媒中心提供内容,然后再借助人工智能实现精准分发。正如习近平总书记所指出的,“要探索将人工智能运用在新闻采集、生产、分发、接收、反馈中,全面提高舆论引导能力”②。我们的媒体综合服务要汇聚社会治理的大数据,生成大数据、汇聚大数据、分析大数据、运用大数据,充分运用和掌握人工智能下的大数据技术,我们的主流媒体就能重新占领整个社会运营的枢纽地位,成为整个社会新闻舆论运行的主导中心。只有这样,主流媒体的引导力、影响力才会得到一个本质的保障,实现媒体融合的真正目标。

三、以主流媒体为主导的政治逻辑

当前,媒体融合已经成为我国的国家战略。2019 年 1 月 25 日,中共中央政治局就全媒体时代和媒体融合发展举行第十二次集体学习,习近平总书记发表重要讲话指出,“没有网络安全就没有国家安全;过不了互联网这

① 习近平:加快推动媒体融合发展 构建全媒体传播格局[EB/OL].(2019-03-15)[2022-03-20]. https://baijiahao. baidu. com/s? id = 1628062181034138166&wfr = spider&for = pc.

② 人工智能时代新闻传播事业的守正创新[EB/OL].(2019-12-16)[2022-03-20]. https://baijiahao. baidu. com/s? id = 1653033805535787438&wfr = spider&for = pc.

一关,就过不了长期执政这一关"①,强调推动媒体融合发展、建设全媒体成为我们面临的一项紧迫课题。要运用信息革命成果,推动媒体融合向纵深发展,做大做强主流舆论,巩固全党全国人民团结奋斗的共同思想基础,为实现"两个一百年"奋斗目标、实现中华民族伟大复兴的中国梦提供强大的精神力量和舆论支持。②

当前,在现实媒介生态中,我们不无忧虑地发现,现在的年轻人,尤其是大学生普遍热衷于商业社交媒体,大部分信息、认知都是从网络上获取的,对主流媒体缺乏积极兴趣。我们的主流媒体应该正视这样的现实,接受这样的挑战,不断加大力量,转变思想,尽快掌握好新闻舆论阵地的主动权,不能让主流媒体在商业化大潮中被边缘化。正如习近平总书记 2013 在中共十八届三中全会第一次全体会议上的讲话中提出的,"面对改革发展稳定复杂局面和社会思想意识多元多样、媒体格局深刻变化,在集中精力进行经济建设的同时,一刻也不能放松和削弱意识形态工作,必须把意识形态工作的领导权、管理权、话语权牢牢掌握在手中,任何时候都不能旁落,否则就要犯无可挽回的历史性错误。要按照高举旗帜、围绕大局、服务人民、改革创新的总要求,做好宣传思想工作,加强社会主义文化建设,壮大主流思想舆论,重点推动统一思想、凝聚力量"③。因此,我们的主流媒体要从自身媒体建设属于舆论阵地的定位,提升到关涉国家治国平台的战略发展高度。就是要把网上的舆论宣传和媒介发展作为我们党宣传思想政治工作、意识形态工作的重中之重。要适应社会信息化持续推进的新情况、新特点,加快传统媒体和新兴媒体的融合发展,积极运用、充分借鉴新技术新应用,创新

---

① 习近平:加快推动媒体融合发展 构建全媒体传播格局[EB/OL].(2019-03-15)[2022-03-20]. https://baijiahao.baidu.com/s? id = 1628062181034138166&wfr = spider&for = pc.

② 习近平 1.25 谈媒体融合发展十大"金句"[EB/OL].(2019-03-05)[2022-03-20]. http://jhsjk.people.cn/article/30957671.

③ 关于媒体融合,总书记这样说[EB/OL].(2016-02-20)[2022-03-20]. http://www.xinhuanet.com/politics/2016-02/20/c_128736695.html.

媒体的传播方式，占领信息传播的制高点。①

当前，媒体融合的关键之举在于实现主流媒体的互联网化，强化互联网思维，就是要让主流媒体在互联网上占领阵地。我们的主流媒体要善于、敢于、勇于把自己变成一个“网军”，要在互联网上赢得胜利，而不是一个传统的基于报纸、广播、电视媒体的思路，不是传统媒体“ + 互联网”，而是“互联网 + ”传统媒体。“要坚持传统媒体和新兴媒体在互联网上的优势互补、一体化发展。”②坚持将信息技术、互联网、人工智能、5G、虚拟现实等先进技术作为传统媒体向新媒体转型的支撑和动力，推动传统媒体和新兴媒体在主题、内容、渠道、平台、经营管理等方面的深度融合。贯彻落实习近平总书记提出的媒体融合发展思路，“党报党刊要加强传播手段建设和创新，发展网站、微博、微信、电子阅报栏、手机报、网络电视等各类新媒体，积极发展各种互动式、服务式、体验式新闻信息服务，实现新闻传播的全方位覆盖、全天候延伸、多领域拓展，推动党的声音直接进入各类用户终端，努力占领新的舆论场”③。实现习近平总书记提出的媒体融合发展目标，“着力打造一批形态多样、手段先进、具有竞争力的新型主流媒体，建成几家拥有强大实力和传播力、公信力、影响力的新型媒体集团，形成立体多样、融合发展的现代传播体系”④。

---

① 关于媒体融合，总书记这样说[EB/OL].(2016-02-20)[2022-03-20]. http://www.xinhuanet.com/politics/2016-02/20/c_128736695.html.

② 关于媒体融合，总书记这样说[EB/OL].(2016-02-20)[2022-03-20]. http://www.xinhuanet.com/politics/2016-02/20/c_128736695.html.

③ 习近平1.25谈媒体融合发展十大“金句”[EB/OL].(2019-03-05)[2022-03-20]. http://jhsjk.people.cn/article/30957671.

④ 关于媒体融合，总书记这样说[EB/OL].(2016-02-20)[2022-03-20]. http://www.xinhuanet.com/politics/2016-02/20/c_128736695.html.

第三章　融媒时代高校思政生态之思

从传统媒体到新媒体,再从新媒体到融媒,一个媒体融合的时代已然到来。人类已经无法在媒体狂欢中停下脚步,甚至都来不及思考这场变革对个人、对国家、对社会、对全世界到底意味着什么,媒体融合已经发生在我们的身边,渗透我们每个人的生活。历史上任何一次媒介革命,都伴随着重大的社会思想文化的大发展、大繁荣。书写媒介的出现,提高了人们理性交往的能力;报纸印刷的发展,丰富了人们对世界的认知;广播媒介的出现,扩大了人类传播的范围;电视的普及,推动了世界文化的全面繁荣与整体发展。而随着"第五媒体"手机的出现,人类交往进入了即时化、个性化、信息化的新生态。特别是智能手机的出现、新技术新平台的运用,使得"第五媒体"自身出现了快速的迭代革命与发展,从而与之前的所有媒体形态出现了本质的区别——媒体不再是人们交往的中介和平台,而成为交往本身;媒体不再是生活的工具和载体,而成为生活本身;媒体不再是信息传播的主体和源头,而成为人本身,媒体就是人,人就是媒体,人人都是媒体。融媒时代是一个充满活力的时代,因为人人都是媒体的受益者和分享者;融媒时代也是一个充满风险和不确定性的时代,因为人人都可以是生产者和传播者。正如英国作家查尔斯·狄更斯(Charles Dickens)在他的著作《双城记》中所说的,"这是一个最好的时代,也是一个最坏的时代;这是一个智慧的年代,这是一个愚蠢的年代;这是一个信任的时期,这是一个怀疑的时期"。融媒时代汇聚了科技的利与弊、人性的善与恶、生活的美与丑、社会的是与非……融媒时代，也是社会高速发展和深刻变化的时代，经济社会成分、社会组织形式、就业差异、收入分配方式、交往关系等越来越多样化，这种社会存在无时无刻不在塑造着整体社会意识，使人们的思想意识多元、多样、多变。高校思想政治教育的对象是青年大学生，他们朝气蓬勃，崇尚自由；他们热爱生活，喜欢接受新鲜事物；他们是社会时尚的引领者。特别是新时期的大学生，他们是互联网世界的原住民，对他们而言，互联网不再是工具，而是一种生活方式。他们成长的过程，也是互联网技术飞速发展、不断创新迭代的过程，他们几乎人人都有社交媒体账号，个个都在新媒体获取资讯。

融媒时代，青年大学生是幸运的，因为他们接触的信息和资源空前丰富和多样，获取信息空前便利和快捷。这些都为当前的高校思想政治教育提供了内容和途径上的优势，高校思想政治教育有了相较于传统不具备的教学资源和教育技术。建立在信息化、数字化基础上的融媒生态，有利于提高大学生思想政治学习的兴趣，提升交往过程中的师生、生生多元互动，有利于形象生动地展示大学生的精神风貌。更为关键的是，新媒体让当代大学生有了更多表达自己声音的途径和渠道。可见，高校思想政治教育迎来了前所未有的发展机遇，有了更好的教育教学空间和平台，有了更多创新和发展的可能。但是我们也不无忧虑地看到，互联网是一把双刃剑，互联网的开放性、匿名性、隐蔽性等特点，也为一些社会不良思潮的产生和传播提供了滋生土壤。融媒生态中也有不少网络“环境污染”，比如在信息变得丰富的同时，也出现了一些虚假的、负面的信息：有的人在互联网上散播谣言、歪曲事实，误导民众；有的人在互联网上充当“键盘侠”，随意辱骂、攻击他人，发泄心中的不满，侵犯他人的人格和隐私；有的人会利用互联网实施诈骗、恶意骚扰，侵害他人权益；也有的人发布网络暴力、色情、赌博等危害社会稳定的信息……这些都对包括大学生在内的广大网民造成了极大的干扰和误导。同时，互联网作为一种生存手段和生活样态，也让很多人特别是青年大学生在现实和虚拟中失去了自我。他们沉溺网络,影响学习、工作和生活。网上的信息爆炸,碎片化信息影响着大学生对世界观、人生观、价值观等问题的思考深度,让人变得浅薄。有些大学生因迷恋网络游戏、热衷网络追剧、痴醉网络交友而疏离了现实生活,出现了种种心理危机和问题。

由此可见,融媒时代高校思想政治教育既存在着前所未有的机遇,也面临着难以忽视的挑战。高校思想政治教育除了要提高对融媒特点、互联网传播规律、新平台的研究,同时也要深刻认识融媒时代对高校思想政治教育的多重影响和深刻变革,践行“借力新媒体,服务新青年,建功新时代”理念,与时俱进,坚持高校思想政治教育的改革与创新,不断开拓高校思想政治教育在融媒时代的新局面、新征程。

第一节　融媒时代高校思想政治教育面临的挑战

习近平总书记在2013年全国宣传思想工作会议上指出:“很多人特别是年轻人基本不看主流媒体,大部分信息都从网上获取。必须正视这个事实,加大力量投入,尽快掌握这个舆论战场上的主动权。”①高校思想政治教育是我们党主流意识形态的重要阵地,习近平总书记指出,“随着我国日益扩大开放、日益走近世界舞台中央,我国同世界的联系更趋紧密、相互影响更趋深刻,意识形态领域面临的形势和斗争也更加复杂。学校是意识形态工作的前沿阵地,可不是一个象牙之塔,也不是一个桃花源”②。可见,我们要把高校思想政治教育提升到重要的意识形态领域斗争的新高度,这不仅仅是一个教育的问题、一个人才培养的问题,更是国家的未来和党的事业的

① 中共中央文献研究室.习近平关于全面深化改革论述摘编[M].北京:中央文献出版社,2014:83.

② 习近平:思政课是落实立德树人根本任务的关键课程[EB/OL].(2020-08-31)[2022-03-20].https://baijiahao.baidu.com/s?id=1676524123336017784&wfr=spider&for=pc.

根本问题。我们必须站在一个更加清醒、更加自觉、更加有忧患意识的角度来深刻思考当前高校思想政治教育面临的种种挑战。“知己知彼，百战不殆”，首先我们要对融媒时代高校思想政治教育的遭遇有个清晰的认识。

一、新媒体对高校思想政治教育的冲击

1. 社交媒体信息良莠不齐对大学生价值观的扭曲

马克思主义辩证唯物主义告诉我们，物质决定意识，意识是对物质世界的反映。当前，建立在移动终端、大数据、人工智能和5G等先进技术基础之上的融媒环境，是大学生所处的客观世界。互联网技术及其各种终端设备是当今世界主要的生产和生活方式，是包括大学生在内的所有人无法回避和否认的客观实际。以社交媒体为载体的融媒生态是大学生赖以生存和发展的重要现实条件，对大学生的意识起着决定性的影响。从马克思主义的认识论来看，实践是认识的基础、认识的来源、认识发展的动力。当前，对于大学生来说最主要的实践是学习，互联网成为大学生认识世界的主要工具和媒介，可以说大学生的很多认识就来源于网络生活实践，由具体的网络生活实践所决定。因此，无论是从马克思主义辩证唯物法，还是辩证唯物主义认识论出发，我们都要重视互联网这一人类重要的生产和生活工具及其所构造的世界对人们，特别是青年大学生思想认识的决定性影响。从某种意义上说，融媒时代，谁掌握了主导权，谁就掌握了舆论权。

与我们每个人日常生活的环境不同，不管是作为上班族在工作单位，还是作为学生在学校，都是在熟人的环境下工作、学习和生活，现实生活在很大程度上是一个“熟人”社会，受到一系列道德与法律的制约。而在互联网环境中，由于身份可以匿名，地点可以忽略，互联网更像是一个“陌生人”社会，缺少道德自律和法律监管，人性中的假、恶、丑就很有可能在互联网的掩

护下“蠢蠢欲动”,低俗、庸俗、媚俗的文化在互联网有了蔓延的土壤。对于大学生而言,在日常的社交媒体上难免会遇见这些虚假、负面、消极、不健康甚至反动的信息。一些原本正常的信息,经某些别有用心的人加工处理、歪曲捏造之后,在互联网上传播以达到其误导大众的目的。一些人在互联网上发泄对社会的不满,恶意攻击,到处谩骂、中伤他人,极大地污染了互联网环境。还有的人干脆把互联网作为法外之地,通过色情、暴力、游戏等大肆敛财,给社会带来了极大的危害。一些商业媒体推出的娱乐节目过分宣扬“金钱至上”“一夜成名”“不劳而获”,传递拜金主义、功利主义、实用主义价值观、人生观。由于互联网自带的游戏规则,几乎没有人会“严肃”地指出和举报,久而久之就会见怪不怪,习以为常,甚至不自觉模仿。因为用户会产生一种错觉,认为高雅是不正常的,是不必要的,低俗反而成了普遍的流行文化。那些在互联网中坚持正确立场、自觉抵制腐朽文化的学生甚至会被视作“另类群体”,迫于同辈压力,有些大学生也会慢慢地失去立场。可见,互联网对青年大学生的价值观造成了很大程度的负面影响。

2.“娱乐至死”的网络文化消磨大学生的奋斗意志

随着社会竞争的加剧,包括广大青年大学生在内的现代人,正承受着工作、学习和生活的种种压力。互联网因其丰富的内容,尤其是大量的娱乐主题,正好成为现代人放松自我、缓解压力、调整心理的重要渠道。在手机、电脑上看电影、追剧、玩游戏、刷视频、聊天、购物、看直播等,是当下互联网生活的主要内容。让生活充满快乐,当然非常必要,是人们保持身心健康、享受美好生活的有效途径。但是,互联网“娱乐至死”的特点加上算法的控制,使得当下很多网民包括大学生在内,在互联网上的娱乐时间已经超过正常的需求,处于过度娱乐、信息过载的阶段,极大地妨碍了正常的休息、交往、运动、学习等。尤其是网络游戏方面,大学生因为沉溺网络游戏而荒废学业的现象屡见不鲜,2019 年中国青年网校园通讯社对全国 682 名玩网络游戏的大学生进行的问卷调查显示："近六成大学生每天玩游戏超过一小时，超三成大学生因为玩游戏熬过夜，超四成大学生认为玩游戏影响了自己的身体健康。"①这种现象在高职院校中尤其明显。由于大学生心智尚未成熟，思想观念尚未定型，对于是非、善恶、美丑还缺乏足够的辨别能力，容易受到外界诱惑，加上算法技术和网络游戏的"奖赏"设计，大学生沉迷网络游戏的人数日趋增多，严重影响了学业质量和未来就业竞争力。

以网络音乐、视频、直播等为主要内容的娱乐内容越来越受到年轻人的热衷和喜爱。中国互联网络信息中心发布的《第48次中国互联网络发展状况统计报告》显示，"20—29岁年龄段网民对网络音乐、网络视频、网络直播等应用的使用率在各年龄段中最高，分别达84.1%、97.0%和73.5%；30—39岁年龄段网民对网络新闻类应用的使用率最高，达83.4%；10—19岁年龄段网民对在线教育的使用率最高，达48.5%"②。在20—29岁年龄段人群中，大学生占据主要比例，在网络娱乐方面的使用率较其他人群最高，反映了大学生对网络娱乐生活的偏好，一旦超过了必要的限制，这些娱乐内容就会挤占大学努力学习、拼搏奋斗的时间，这是值得警惕的。同样，这份报告还显示，"截至2021年6月，我国网络视频（含短视频）用户规模达9.44亿，较2020年12月增长1707万，占网民整体的93.4%。其中短视频用户规模为888亿，较2020年12月增长1440万，占网民整体的87.8%"③。可见，短视频内容正在成为网民普遍接受的信息呈现方式，其中大部分以微视频、抖音、小红书、快手等娱乐短视频为主，体现了碎片化、娱乐化的信息特点。

---

① 大学生网络游戏调查：超三成因为玩游戏熬过夜[EB/OL].(2019-04-16)[2022-03-20]. https://baijiahao.baidu.com/s?id=1630954849522192284&wfr=spider&for=pc.

② 第48次中国互联网络发展状况统计报告[R/OL].(2021-09-15)[2022-03-20]. http://www.cnnic.net.cn/hlwfzyj/hlwxzbg/hlwtjbg/202109/t20210915_71543.html.

③ 第48次中国互联网络发展状况统计报告[R/OL].(2021-09-15)[2022-03-20]. http://www.cnnic.net.cn/hlwfzyj/hlwxzbg/hlwtjbg/202109/t20210915_71543.html.

3. 网络多元价值观念干扰大学生认同主流意识形态

在新媒体平台上，人人都是自媒体。“新媒体平台让越来越多人拥有了生产思想政治教育话语、塑造社会价值观念的机会。”①互联网上时时有热点、处处有新闻、人人有爆料，各种信息纷至沓来，各种观点你来我往，不同价值观念在网上交织。在“琳琅满目、应接不暇”的网络生活多元价值观冲击下，有的大学生对某种观点盲目崇拜、趋之若鹜；有的大学生在种种价值观中无所适从、不知所措、随波逐流；也有的大学生失去自我原有的价值判断，沦为别人思想的跑马场；还有的大学生对任何价值观念都显得无动于衷，开始变得虚无、迷茫。融媒时代，很多大学生在互联网的“喧嚣”中沦为了一个“无家可归”的人。

融媒时代，新媒体成为西方颠覆势力攻击我国社会主义制度和意识形态的新武器、新途径，成为西方某些别有用心的大国或敌对势力对我国进行和平演变和意识形态渗透的重要渠道。尤其是某些西方大国，利用他们互联网的先进技术、产品服务和资源平台，通过各种手段吸引包括大学生在内的广大网络用户使用、传播，这些技术产品和服务常常歪曲事实，鼓吹抽象的所谓“自由、民主、人权”概念。在网络世界中，敌对势力常常藏在暗处，通过收买网络写手、博主大 V、流量明星等，对我国的社会主义意识形态不断发起攻击，妄图强化广大网民特别是大学生对我国社会主义道路的质疑、批评甚至否定，这对高校思想政治教育推动青年大学生坚持中国特色社会主义道路自信、理论自信、制度自信、文化自信造成了相当大的冲击和负面影响。

新东方教育科技集团董事长兼 CEO 俞敏洪曾在亚布力中国企业家论坛 2018 年夏季高峰会上不无忧虑地指出，“所有的互联网公司做的都是国

---

① 陈卓国. 论新媒体背景下高校课程思政教学改革[J]. 学校党建与思想教育,2019(18).

内的生意，而且都是利用了人们的低级趣味，不管是拼多多、阿里巴巴还是腾讯，都是利用了中国人喜欢买卖东西、喜欢互相八卦的低级趣味。一家科技公司创造出了真正影响全世界的科技产品才是厉害的……如何真正升级为世界重要的经济体才是重要的。人工智能等极有可能能够催生出世界厉害的产品，中国有大数据的优势，人工智能基于的是大数据，但是到底能不能起来，就看我们这些企业家的高度如何，如果高度不够，依然是想着从老百姓身上的低级趣味赚钱，我们依然永远起不来”。尽管他的这番言论在网络上引起了不小的争议，但是他也确实提醒了我们要警惕新媒体新平台的负面影响，不能片面迎合甚至以塑造人们的“低级趣味”来牟利，而是要真正把新技术新应用用到对国家和民族有价值的事情上，创造出融媒时代真正的价值。

二、高校思想政治教育受到冲击的原因分析

融媒时代，高校思想政治教育受到挑战固然有客观现实的影响因素，资本控制下的商业社交媒体受经济利益的驱动，千方百计地把网民包括学生牢牢地吸引过来，通过人工智能、算法、大数据等技术，以及精心设计的游戏和文字视频内容，制作低俗信息，歪曲历史与事实，在互联网上野蛮生长，与主流媒体争抢用户，不惜采用一切手段，铤而走险。这些是客观因素，我们必须正视，并力争通过法律、经济和行政等手段进行干预。但同时，作为高校思想政治教育工作者，我们更应该结合自身的本职工作，深刻反思高校思想政治教育工作存在的问题和需要做出的应对，把高校思想政治教育工作打造成为我们党的主流意识形态工作的新高地。

1. 高校融媒发展意识不强，媒介融合能力不强

随着新媒体技术和融媒概念的普及，很多高校都开始在思想政治教育

领域求新求变,开始建设校园公众号,打造校园一站式服务 App,把很多传统红色资源和宣传资料通过网络传播。这些当然是一种积极的变化,但是和当前大学生信息偏好以及商业社交媒体的发展之间还有相当长的距离。因为融媒发展需要的是“互联网+”,而不是“+互联网”,高校新媒体转型、融媒生态构建需要的思维方式的根本变革,是媒介在互联网的作用下发生化学变化,而不是物理变化。许多高校公众号点击率、转发率不高,学生不感兴趣,原因在于不少高校媒体工作者、思想政治教育工作者没有真正地去掌握和适应学生的信息需要特点,只是一味地开辟栏目,一稿多用,与大学生用户缺乏即时沟通、交流和互动,缺乏对学生内在需要的认识,甚至对大学生在新时期的媒介生活方式“嗤之以鼻”,脱离大学生的社交需要和实际,导致学校的新媒体平台没有得到足够的关注,当然也就失去了通过新媒体影响大学生价值观的重要机会。

在很多高校,长期从事主流媒体工作的队伍一般都是在传统新闻专业学习和新闻宣传实践中培养起来的。这部分高校思想政治教育工作和宣传工作人员在理论思维、编辑写作、思想引领方面有着较高的水平,但总体上对新媒体技术、融媒发展的掌握程度相对不足,尤其是长期固守于主流媒体工作的人,往往觉得所谓的新媒体、自媒体都是杂牌军,是不入流的,自己才是正规军,是合情合理合法的存在。在融媒发展过程中,他们始终存在着“看不起,看不懂,来不及”的思维倾向,难以主动拥抱新媒体新技术,自觉投身融媒发展。这部分高校思想政治教育工作者新媒体思维的树立、融媒意识的提升,迫切需要外界力量“由外而内”的推动,需要高校在战略层面上把高校融媒建设提升到关系党和国家命运的重要布局上来。

当前,高校思想政治教育工作者以及媒体工作者要深刻领会习近平总书记重要讲话精神,“过不了互联网这一关,就过不了长期执政这一关。全媒体不断发展,出现了全程媒体、全息媒体、全员媒体、全效媒体,信息无处不在、无所不及、无人不用,导致舆论生态、媒体格局、传播方式发生深刻变化，新闻舆论工作面临新的挑战。宣传思想工作要把握大势，做到因势而谋、应势而动、顺势而为。我们要加快推动媒体融合发展，使主流媒体具有强大传播力、引导力、影响力、公信力，形成网上网下同心圆，使全体人民在理想信念、价值理念、道德观念上紧紧团结在一起，让正能量更强劲、主旋律更高昂”①。

2. 高校融媒工作用户意识不强，服务意识不强

高校融媒建设是基于互联网基础，依托新媒体新技术新平台，对大学生进行信息服务，满足大学生生活和学习需要的过程；而高校思想政治教育工作是以融媒建设为核心的综合育人工程。由此可见，高校思想政治教育的底层逻辑是互联网、新媒体、用户需求。互联网不仅是技术，更是思维，就是我们常常说的互联网思维。当前，许多高校融媒工作可以说“互联网”有余，而“互联网思维”不足。互联网思维的典型特点包括开放、平等、互动、协作、共享等，这些特点或理念都必须融入和渗透高校思想政治教育工作以及融媒建设工作的方方面面。

当前，不少高校的融媒工作中缺乏互联网思维的典型表现就是缺乏用户意识，没有把大学生当作互联网用户来思考，仍然把他们当作传统的教育对象，在平台上、技术上都有了新媒体的元素，却在理念上、认识上没有新媒体的灵魂，在思想政治教育过程中难以落实“用户价值第一”“用户至上”等理念。不少高校常常把大学生看作“改造”的对象，而不是“服务”的对象，过于“刚性”地塑造学生的思想认识、粗暴地“植入”主流价值观，效果往往并不尽如人意，表现在高校所创建的公众号访问量较低、活跃度不高、互动性不强。造成这一现象的原因在于违背了互联网和新媒体的传播规律，忽

① 加快推动媒体融合发展 构建全媒体传播格局[EB/OL].(2019-03-15)[2022-03-20]. https://baijiahao.baidu.com/s?id=1628056519480311107&wfr=spider&for=pc.

视了新时期大学生的认知特点。著名教育家朱小蔓先生曾说:“好的思想政治教育工作应该像盐,但不能先吃盐。最好的方式是将盐溶解在各种食物中自然而然地吸收!”高校融媒建设就是要把我们的主流意识形态,把正确的人生观、世界观、价值观潜移默化地通过大学生喜闻乐见的方式传递,在不知不觉、润物无声中做好融媒建设工作。因此,基于互联网思维的融媒建设,必须在方法、平台、技术等方面有改头换面的革新,本质上是自我否定的勇气和创新发展的决心。高校思想政治教育应该在开放中阐明真相、在平等中体现尊重、在互动中提高关注、在协作中激发活力、在共享中丰富生活。

3. 高校缺乏对西方敌对势力渗透的斗争意识和能力

长期以来,高校思想政治教育主要的关注点在于弘扬正能量、传播主旋律,相对缺乏与一些错误思潮、敌对势力的正面交锋和直接斗争。这就造成了我们在互联网的信息阵地战中缺乏对西方敌对势力进行和平演变的揭露、批判,缺乏对大学生面对西方各种思潮时的理论指导、问题解释和思想引领。在不少高校,思想政治教育仍然沿用旧有的那一套空洞说辞、僵化理论、道德绑架,还是习惯于用原有的话语灌输,严重滞后于互联网信息战的新要求、新任务。

近年来,高校的思想政治课教学虽然得到了党和国家越来越多的重视和指导,但是总体来看,我们的思想政治理论课离相关要求还有不小的差距。在推动媒体融合提升高校思政课实效方面,很多高校做得还不够充分,不够到位,思政课教学大多还停留在多媒体的使用,而不是全媒体、融媒的全面应用。思政课堂上讨论的主题、互动的方式,基本上还停留在“一对多”自上而下的权威式宣传理念,缺乏构建“一对多”“多对多”“多对一”“一对一”等多元互动、平等对话的交互机制。2019 年 3 月 18 日,习近平总书记在北京主持召开学校思想政治理论课教师座谈会,在涉及思想政治理论课还存在的问题时,习近平总书记指出,“思政课建设中的一些问题亟待解决。

有的地方和学校对思政课重要性认识还不够到位；课堂教学效果还需要提升，教学研究力度需要加大、思路需要拓展；教材内容还不够鲜活，针对性、可读性、实效性有待增强；教师选配和培养工作还存在短板，队伍结构还要优化，整体素质还要提升；体制机制还有待完善，评价和支持体系有待健全，大中小学思政课一体化建设需要深化；民办学校、中外合作办学思政课建设还相对薄弱；各类课程同思政课建设的协同效应还有待增强，教师的教书育人意识和能力还有待提高，学校、家庭、社会协同推动思政课建设的合力没有完全形成，全党全社会关心支持思政课建设的氛围不够浓厚”①。如果我们不能够对总书记提到的这些问题引起足够的重视，那么高校和西方敌对势力在互联网上的意识形态斗争将会面临重大的困难和挑战，甚至面临丧失话语权的危机。

当前，在某种意义上，我国高校思想政治教育在与西方敌对势力意识形态渗透的斗争中还没有充分占据优势，某些地方还处于下风。这就需要高校思想政治教育工作者在融媒时代深刻思考提高思想政治理论工作实效性的解决之道、应对之策，不断提高站位、主动学习、提高本领、积极斗争，要敢于、勇于和善于在互联网上打赢一场意识形态的战争。

第二节　融媒时代高校思想政治教育发展的机遇

一、高校思政遭遇挑战的根源分析

世界是对立统一的，新媒体新技术新应用给思想政治教育带来了冲击

① 习近平：思政课是落实立德树人根本任务的关键课程[EB/OL].(2020-08-31)[2022-03-20].http://www.gov.cn/xinwen/2020-08/31/content_5538760.html.

和挑战,但同时又给思想政治教育的创新发展提供了新的机会和可能。因为媒体也好,技术也罢,都是中性的,冲突关系不在思想政治教育同新媒体之间,本质上是教育逻辑和资本逻辑、教育逻辑和斗争逻辑之间的冲突。也就是说,真正冲击思想政治教育工作的,不是新媒体新技术,而是利用新媒体新技术对主流媒体造成冲击的商业资本、不法分子、无良商家甚至敌对势力。商业资本以盈利为目的,不惜危害青少年身心健康;不法分子散布谣言,恶意攻击,传播不健康信息和低俗文化;无良商家不遵守互联网道德,利用算法对用户进行无形"绑架",有些企业利用大数据"杀熟",侵犯用户合法权益;某些敌对势力的互联网和新媒体恶意曲解我们党的方针政策,夸大我们国家存在的问题和风险,制造事端矛盾,挑拨党群冲突,唯恐天下不乱……

可见,新媒体新技术不是高校思想政治教育存在问题的根源,真正的源头是不受约束的资本和不可忽视的敌对群体、力量。可以想象,如果没有新媒体新技术,这些干扰因素同样会利用旧媒体对我们党和国家的事业造成危害。当前我们要深刻领会习近平总书记新时期关于"斗争"的重大思想,2019 年秋季学期中央党校(国家行政学院)中青年干部培训班上习近平总书记指出,"凡是危害中国共产党领导和我国社会主义制度的各种风险挑战,凡是危害我国主权、安全、发展利益的各种风险挑战,凡是危害我国核心利益和重大原则的各种风险挑战,凡是危害我国人民根本利益的各种风险挑战,凡是危害我国实现'两个一百年'奋斗目标、实现中华民族伟大复兴的各种风险挑战,只要来了,我们就必须进行坚决斗争,而且必须取得斗争胜利"①。如何积极地利用好新媒体新技术,打赢一场互联网舆论战、信息站,是我们必须面对和思考的问题。在融媒技术和新技术上,我们要继承"师夷

① 中青年干部"开学第一课",习近平重点讲了"斗争"[N/OL]. 人民日报,2019-09-04[2022-03-20]. https://baijiahao.baidu.com/s?id=1643697910578892960&wfr=spider&for=pc.

长技以制夷”的学习精神，善于运用先进技术来抵制某些敌对势力——以彼之道，还之彼身，关键在于用新媒体新技术学好、用好、武装好我们的高校思想政治教育。

2019 年，习近平总书记向第六届世界互联网大会致贺信，在信中指出，“当前，新一轮科技革命和产业变革加速演进，人工智能、大数据、物联网等新技术新应用新业态方兴未艾，互联网迎来了更加强劲的发展动能和更加广阔的发展空间。发展好、运用好、治理好互联网，让互联网更好造福人类，是国际社会的共同责任。各国应顺应时代潮流，勇担发展责任，共迎风险挑战，共同推进网络空间全球治理，努力推动构建网络空间命运共同体”①。主动拥抱新技术、融入新媒体，我们就可以让高校思想政治教育在新时期焕发新的活力、拥有新的面貌、取得新的成效。

二、“融媒”助力高校思政创新发展

融媒是技术的产物，也是时代的特征，塑造和影响着这个时代每一个媒介中的人。以互联网和新媒体新技术为特征的融媒生态是当代大学生健康成长的现实环境，两者有着彼此成全、相互依存的关系。互联网的开放性和学生追求个性高度吻合，互联网内容的丰富性和学生追求新鲜事物的需要高度契合，互联网交往的即时性和学生沟通和表达的需要高度符合。

1. 为高校思想政治教育焕发活力带来契机

新媒介的到来让高校思想政治教育不得不进行一次深刻的变革。原创媒介理论家、思想家麦克卢汉曾提出一个著名的论断“媒介即讯息”，强调了

① 习近平向第六届世界互联网大会致贺信[N/OL]. 人民日报，2019-10-20[2022-03-20]. https://baijiahao.baidu.com/s?id=1647879962562202671&wfr=spider&for=pc.

媒介本身的本体论价值——媒介本身就是讯息的存在和发展方式。对社会变迁产生决定性影响的是媒介的生产方式，即媒介本身。以手机为例，手机的出现让更多的人可以随时随地获取信息，于是“低头族”成为社会的整体文化特征，无论是在地铁、公交等公共场合，还是在办公室、会议室等工作环境，抑或家庭、聚会等个人空间，人们的身体、动作变得趋同，手机塑造了人的外在面貌。同时，手机媒介的出现，使适应移动阅览和互动的短视频、消息大行其道。移动生活还带来了流量经济的竞争，在短时间内更加吸引眼球的“爆料”“头条”“热搜”等内容包装华丽，浅入浅出，人们关注的内容趋向碎片、零散、浅薄，“宏大、深度、崇高、理想”变得没有市场。一句话，手机决定了内容，塑造了我们的外在，也重构着我们的内在。媒介即讯息，媒介也即生活。

长期以来，高校思想政治教育更加关注内容，而忽视媒介本身的建设和运作。新媒体出现后，高校思想政治教育工作者对此关注不够，依然深耕传统媒体，固守传统传播方式，有些地方出现了“鸵鸟心态”，置若罔闻，有些地方则仅仅表示担忧却没有应对之策，这些都或多或少地影响了高校思想政治教育在融媒时代的转型升级。高校思想政治教育要主动拥抱移动互联网的到来，积极适应大学生的互联网用户身份，以“媒介即讯息”的新思维，重塑高校思想政治教育媒介结构和传播方式；要勇于自我斗争，自我革命，让高校思想政治教育插上新媒体的翅膀，焕发出新的生机和活力。

新媒体新思维，就是要看到短视频既可以承载低俗、庸俗、媚俗的信息，同样也可以承载优雅、高尚、励志的内容。短视频完全可以也应该成为党和国家潜移默化地开展思想政治教育的传播工具和载体。这是高校思想政治教育必须要主动适应、积极改变的实效之举。近年来，随着短视频平台的迅速崛起，以抖音、快手、微视频等为代表的新媒体已经成为青年一代获取信息的主要渠道。为主动适应、积极利用这些新媒体新渠道，2018 年 4 月以来党和国家的很多主流媒体，如《人民日报》、中央广播电视总台、新华社都开设了抖音账号。有数据统计，在入驻抖音不到半年时间内，政务机构及媒体抖音号发布视频近10万条，播放总量超过500亿，其中媒体号总观看量为160多亿。从2018年新闻主流媒体抖音号发端元年起，2020年抖音媒体号已达5000多个。2021年9月15日，国家反诈中心出品的番剧更新了，这次推出的《反诈小剧场》更是让追完番的一众网友直呼内行，“用武侠剧的方式打开反诈，rap、打斗、双重battle，直接掌握了流量密码”。宣传片中，一袭白衣的反诈女侠，年纪轻轻却深谙各类诈骗江湖套路，无论是伪客服黑衣女还是Rap出战、骗术百出的诈骗派掌门人，均被她挑落剑下。片中对美女教投资、网上兼职刷单、冒充客服贷款的套路一一列举，又分别做了反诈指南提醒，内容凝练硬核、形式新颖有趣，传播效果也很“惊艳”。据介绍，除了《反诈小剧场》外，国家反诈中心还开设了《反诈MV》《反诈明星说》《全民反诈接力挑战》栏目。其中，《反诈MV》不仅有改编歌曲，传统曲艺也紧跟“反诈”潮流。《反诈明星说》邀请了奥运冠军、明星演员一起反诈防骗，可谓为了做好反诈宣传，动用了“十八般武艺”①。这些多重元素混杂的普及防诈骗知识短视频，经由国家反诈中心发出后引来了不少网友热议。许多看完这一系列短视频的网友纷纷感叹国家反诈中心“也太会玩了”，“这比单纯说教更让人印象深刻”。

显然，我们可以看到，高校思想政治教育要学习众多主流媒体积极拥抱新媒体新技术的自觉和担当，努力创新高校思想政治教育的传播路径和形式，大胆地试，大胆地闯，打破原有必须通过严肃的内容、严谨的方式传播的传统固有模式，通过一些活泼有趣的短视频、感动暖人的故事等，让高校思想政治教育内容呈现出喜闻乐见的形态，从而拥有更多大学生用户的青睐，吸引更多大学生关注和传播，从而完成高校思想政治教育影响和引导更多

---

① 这古装剧是反诈宣传片！网友：为了反诈 国家反诈中心煞费苦心[EB/OL].(2021-09-19)[2022-03-20].http://k.sina.com.cn/article_6393904893_v17d1b3efd02000u0ol.html.

大学生的重要任务。

2. 帮助洞察学生心智模式，精准服务学生成长

高校思想政治教育工作想要取得实效，首要的前提就是要了解教育对象的特点，也就是大学生的心智模式。所谓心智模式，反映的是一个人的身心认知、心理素质、思维方式等特征。它反映的是我们每个人对自己、对他人、对世界的定位和认识。一个人如果对他自身的心智模式有所觉察，不断修炼，那么就能够更好地迈向成功和幸福；反之，如果一个人长期没有认真审视和觉察自己的心智模式，那么在认知和思维上就无法得到有效的提升，因而也就会失去成为更好自己的机会。一般来说，人们对自己的心智模式的觉察是比较难的，正如古人所说的那样，“不识庐山真面目，只缘身在此山中”。每个人的心智模式往往需要他人的指点、引导和帮助，这在传统的教育中是较高的要求。帮助学生提升和修炼心智模式，对教师的要求比较高，需要教师有良好的心理学功底，善于并且能够帮助学生认识、了解和提升心智模式，因而也是传统高校思想政治教育亟待解决的问题。

随着新媒体新技术的进一步发展，以人工智能、算法为特征的“客户画像”确认已经成为互联网媒体的一个基础技术和基本运用。这就解决了一个用户心智模式的技术生成问题，尤其是对每个不同用户的“客户画像”的大数据智能生成。正如有人在互联网上这样调侃，“其实平台比你更了解你自己”，这在某种程度上说明新媒体新技术能够帮助认识不同使用者的个性特征。可见，新媒体新技术的快速发展为解决传统高校思想政治教育工作无法有效认知不同学生的心智模式的大问题，提供了新的可能性和契机，从而真正实现高校思想政治教育“一把钥匙开一把锁”的精准实施，实现思想政治教育的“精准滴灌”。高校思想政治教育工作要积极利用新媒体新技术新平台，善用、善做大数据，把数据用好，把数据用对。要积极和一些头部（业内排名靠前）社交媒体相互合作，优势互补，让数据成为服务高校思想政

治教育工作的重要法宝，从而能够精准地发现每个教育对象的内在需要、认知特点，更加精准地通过媒介来服务学生的成长，解答学生的困惑。

以人民网抖音号为例，该平台根据年轻用户的认知特点、心智模式，尤其是喜欢接受轻松活泼、寓教于乐内容信息的特点，结合网络热搜、社会热点制作小视频，配上好听的音乐，设计好看的画面，从而增强吸引力，提高服务力，收获了众多粉丝。2021 年 8 月 31 日，人民网抖音号转发了江门一 6 岁小女孩被毒蛇咬伤，多地交警联动送小女孩就医，上演生死时速的视频，这段暖心视频在短短的几天时间内获赞 160 万 +，把正能量通过爱心视频传播到了很多人的心里。高校思想政治教育同样要在社交媒体上深挖学生的认知特点和需要，在服务中引导，在传播中教育。不仅要关注融媒建设的硬件，更要提升融媒建设的软件，即服务意识。在思想政治教育工作中，要坚持客户意识、互联网思维，让思想政治教育媒体成为学生真心喜欢、忠实拥护的融媒力量。

3. 依托新的学习平台，拓展高校思政的服务领域

融媒时代，我们对高校思想政治教育也要有新的定位和关系认识。媒体融合实际上就是融合平台、融合人、融合媒体、融合技术等。融媒时代高校思想政治教育同样要有融合思维，就需要我们把高校思想政治教育纳入系统的人才培养过程中。用一个形象的说法比喻的话，那就是既要注重思政课程，也要注重课程思政。高校思想政治教育不能局限在给学生讲大道理、传递党的政策文件，还需要渗透在学生学习生活的方方面面。

当前高校大学生普遍存在一个迫切的需要，就是要提升自己的综合素养和专业技术能力。在互联网上，面对浩如烟海的学习资源，好多大学生往往无所适从。如何在有限的时间内寻找到最符合自己学习水平的，最权威、最科学、最有效的学习资源？这是很多高校学子普遍面临的一个难题，相关推荐和回答在互联网上可谓众说纷纭，真假莫辨。这就亟须学校作为一个

有公信力、权威、科学的媒体平台来对大学生做一个精准、丰富、个性化的资源链接和推荐。显然,高校思想政治教育的融媒任务之一,就是要建立和完善满足大学生自我发展要求的、符合互联网学习的丰富学习资源,建设未来学习中心,让高校思想政治教育成为统领学校教书育人工作的“中央厨房”。

在新媒体、新技术的支撑下,高校思想政治教育迎来了丰富自身内涵、扩大服务种类、提高客户黏性的重要契机。信息时代,大学生学习和掌握文化知识、提升自身综合素养的方式方法都发生了翻天覆地的变化。在新媒体支撑下,翻转课堂、慕课、微课等越来越成为大学生学习的主要渠道,吸引了大部分大学生用户的青睐。正如习近平总书记提出的,“人在哪儿,宣传思想工作的重点就在哪儿,网络空间已经成为人们生产生活的新空间,那就也应该成为我们党凝聚共识的新空间”①。高校思想政治教育要善于利用好、服务好各种学习平台,开辟基于互联网学习的网上教育新阵地,通过慕课、微课拓宽新媒体环境下的思想政治教育工作内容。通过新媒体新平台,使主流意识形态和价值观念潜移默化地影响每一个参与互联网学习的用户。让大学生在互联网学习的同时,更多地接触和了解社会发展的最新成果成就,进一步确认我们党和国家带领全国人民所取得的系列成就和幸福生活。让大学生能够在各类新媒体学习平台上发现诸多喜闻乐见、生动活泼的中国好故事、中国好人,加深对国家和社会的认同支持,不断促使大学生成为推动实现中华民族伟大复兴中国梦的主要参与力量。在新媒体环境下,要不断开拓高校思想政治教育的新局面、提升新时效、取得新成果。

① 加快推动媒体融合发展 构建全媒体传播格局[EB/OL].(2019-03-15)[2022-03-20].https://baijiahao.baidu.com/s?id=1628056519480311107&wfr=spider&for=pc.

第三节　融媒时代高校思想政治教育的坚守

当前世界处于百年未有之大变局,我国处于近代以来最好的发展时期,中华民族迎来了从站起来、富起来到强起来的伟大飞跃,比历史上任何时期都更接近、更有信心和能力实现中华民族伟大复兴的目标。2016 年 11 月 30 日,中国文学艺术界联合会第十次全国代表大会、中国作家协会第九次全国代表大会在北京人民大会堂开幕,习近平总书记出席大会并发表重要讲话,他指出,“实现中华民族伟大复兴的目标,需要物质文明极大发展,也需要精神文明极大发展”[①]。“人无精神则不立,国无精神则不强。”一个国家、一个民族,如果经济发展强大了,但精神上颓废失落了,则难以自立于世界民族之林,也得不到世人的尊敬和仰慕。高校思想政治教育既是精神文明建设的重要组成部分,又在精神文明建设中起着引领性的主导作用,必须在实现中华民族伟大复兴中国梦的伟大征程中发挥应有的作用。

互联网是丰富多彩的,也是多元多样的,但多元是有底线、有原则、有方向、有主导的。正如习近平总书记指出的,“做好党的新闻舆论工作,事关旗帜和道路,事关贯彻落实党的理论和路线方针政策,事关顺利推进党和国家各项事业,事关全党全国各族人民凝聚力和向心力,事关党和国家前途命运。必须从党的工作全局出发把握党的新闻舆论工作,做到思想上高度重视、工作上精准有力”[②]。融媒时代高校思想政治教育既要有创新意识、改革

---

① 中国文联第十次全国代表大会、中国作协第九次全国代表大会开幕[EB/OL].(2011-11-30)[2022-03-20].http://www.gov.cn/xinwen/2016-11/30/content_5140638.html.

② 习近平:坚持正确方向创新方法手段 提高新闻舆论传播力引导力[EB/OL].(2016-02-19)[2022-03-20].http://www.xinhuanet.com//politics/2016-02/19/c_1118102868.html.

魄力、探索精神,同样也需要原则意识、底线思维、立场站位,就是要守好高校思想政治教育融媒建设的初心。

一、运用"融媒"基础理论研究

融媒时代高校思想政治教育要加强基础理论的研究,研究的领域在"人"而不在技术本身。因为从专业的角度来说,大数据、物联网、互联网、5G、算法、人工智能等方面都涉及专业细分领域,是高新技术企业所从事的研发与研究,需要专业技术和专业人才。作为高校思想政治教育工作者,我们应该把主要的精力放在对人的研究上,要通过对人的研究来提高新媒体、新技术对人的促进、价值提升,最大化地降低技术负面作用和风险。要把中性的融媒技术用来满足人的发展需要,体现正向价值,发挥正面作用,从而更好地实现"科技以人为本",融媒以推进人的全面发展为本。

1. 注重对融媒时代个人需求的研究

融媒时代,传播的本质是信息服务,信息服务的本质在于满足人的信息需要。那么,人的信息需要究竟有哪些?我们该如何满足人们的信息需要?高校思想政治理论教育在信息的采集、制作、分发等环节如何适应不同人的不同需要?这些都需要我们对"需要"有深刻的研究。

著名心理学家马斯洛(Maslow)的需求五层次理论认为,人的需要分为生理需要、安全需要、社交需要、尊重需要和自我实现需要这五大类,需要的层级依次由较低级向较高级发展。马斯洛的需求层次理论对今天高校思想政治教育也有着重要的指导意义,因为人的各种需要的满足,离不开信息的获取与支撑。无论是生理、安全、社交、尊重还是自我实现,都需要对相关信息的掌握和指导。高校思想政治教育媒体信息的采集、加工和主题选择,都要契合大学生生理、安全、社交、尊重和自我实现方面的需要,只有满足需要层次的信息内容才能得到大学生发自内心的喜爱和传播。在这个新媒体、新技术日益流行的今天，我们还是要深刻认识到“内容为王”的深层逻辑。高校思想政治教育要利用好自己在内容生产上的科学性和权威性等传统媒体优势，在积极运用新媒体、新技术的基础上，做好信息服务，满足学生在各需求层次上的合理需要，不断推进和引导大学生需要层次由低级向高级的发展，让融媒成为推动大学生自我发展的重要动力和环境。

2. 加强对积极心理学与思想政治教育关系的研究

高校思想政治教育注重对大学生进行思想观念、政治立场、道德规范等方面的教育，对大学生实施有目的、有计划、有组织、有系统的影响，旨在把大学生培养成为党和国家建设事业的接班人和可靠建设者。可见，高校思想政治教育更多的是从人的社会关系和社会要求方面去塑造和影响一个人，这当然是非常必要和重要的。但是，我们还应该看到这样一个事实，即一个人不止有社会关系，还有自我关系、人格品质、生命智慧等，就是自己身心健康、精神高度层面的关系，比如自我同一性、自我认知、自我管理的自我关系方面；勇敢、孝顺、善良等人格品质的关系方面，幸福、喜悦、和谐等生命智慧的关系方面。可见，高校思想政治教育的前提是一个有着良好自我关系的人，一个身心健康的人。一个不能接受自己、不能肯定自己、不爱自己的人，也难以接受他人、肯定他人、爱他人，难以成为一个对社会有用的人才。因此，高校思想政治教育除了在人与社会关系层面去引导和帮助大学生，还应该加强对大学生与自我关系，即个体心理方面的关心和支持。

当前有一门叫积极心理学的课程受到全世界人们的广泛欢迎，美国有超过 200 所大学开设了积极心理学课程，越来越多的机构组织、知名企业都在开设积极心理学的课程，因为积极心理学所带来的积极效应是非常巨大的。积极心理学是一门从积极角度研究传统心理学研究对象的新兴科学。

它主张研究人类积极的品质、活力与美德,充分挖掘人固有的、潜在的、具有建设性的力量,促进个人和社会的发展,使人类走向幸福。积极心理学认为快乐是由我们的精神状态而不是由社会地位或银行存款等外部条件所决定的。每个人都有自己的优点,我们要发现并利用它、关注它、理解它。对于人生的幸福而言,做减法比做加法更能让灵魂成长。可见,积极心理学能够帮助我们成为一个身心健康的人、一个热爱生活的人、一个有着正能量的人,这就为高校思想政治教育奠定了良好的教育前提。可以设想,当一个人总是消极悲观负面的时候,他容易在互联网上发表和传播负面信息。融媒时代,我们不能忽视个体负面情绪的"蝴蝶效应",一个人的负面情绪有可能影响和带动一大批人的网络暴力。高校思想政治教育的融媒建设,要有预防教育的思维,把大学生的消极情绪和问题心理作为高校思想政治教育的重要工作内容,把解决学生心理问题、发展学生积极心理作为一项重要的媒介任务和工作,帮助和引导大学生成人成才。

二、融媒时代高校思政教育的坚守

1. 坚持马克思主义融媒观

马克思主义融媒观,就是要以马克思主义的世界观和方法论指导我们的融媒实践,就是要坚持党的正确领导,坚持以人民为中心,担负起中华民族伟大复兴的重要使命。2016 年,习近平总书记在党的新闻舆论工作座谈会上发表重要讲话:"在新的时代条件下,党的新闻舆论工作的职责和使命是:高举旗帜、引领导向,围绕中心、服务大局,团结人民、鼓舞士气,成风化人、凝心聚力,澄清谬误、明辨是非,联接中外、沟通世界。要承担起这个职责和使命,必须把政治方向摆在第一位,牢牢坚持党性原则,牢牢坚持马克思主义新闻观，牢牢坚持正确舆论导向，牢牢坚持正面宣传为主。”[①]融媒时代，舆论工作的主战场就是融媒阵地，坚持马克思主义新闻观，就是牢固坚持马克思主义融媒观，就是要坚持融媒发展的政治逻辑。

首先就是要坚持融媒工作的党性原则。尽管我们融媒的形式是多样的、喜闻乐见的，但是传达的内容和主题必须有着鲜明的社会主义意识形态属性，就是要把正确的政治方向放在融媒工作的首位。在全程媒体、全息媒体、全员媒体、全效媒体等方面，都要坚持全心全意为人民服务的根本宗旨，都要充分反映人民群众的美好生活和根本需要。要深刻领会习近平总书记强调的“党的新闻舆论工作坚持党性原则，最根本的是坚持党对新闻舆论工作的领导。党和政府主办的媒体是党和政府的宣传阵地，必须姓党。党的新闻舆论媒体的所有工作，都要体现党的意志、反映党的主张，维护党中央权威、维护党的团结，做到爱党、护党、为党；都要增强看齐意识，在思想上政治上行动上同党中央保持高度一致”[②]。

其次就是要坚持正面引导和正向宣传。融媒时代的新媒介构成了现代人的整体文化环境，互联网文化也成为影响现代人思想认知的主要因素，引领和营造一个健康良好的媒体生态和舆论环境，是高校思想政治教育融媒工作的重要内容。高校思想政治教育要坚持传播正能量，弘扬主旋律，要讲中国好故事，讲好中国故事。在涉及一些群众关心的重大热点话题、关乎国家战略的核心议题上，要坚持正面引导，秉持坚定立场。在涉及国家政权、主权统一和领土完整、人民福祉、经济社会可持续发展和国家其他重大利益上“不含糊”“不妥协”“不动摇”。要坚持“道路是曲折的，前途是光明的”这一马克思主义历史唯物主义的重要观点，始终坚持对中国特色社会主义的

① 习近平：坚持正确方向创新方法手段 提高新闻舆论传播力引导力[EB/OL].(2016-02-19)[2022-03-20].http://www.xinhuanet.com//politics/2016-02/19/c_1118102868.html.

② 习近平：坚持正确方向创新方法手段 提高新闻舆论传播力引导力[EB/OL].(2016-02-19)[2022-03-20].http://www.xinhuanet.com//politics/2016-02/19/c_1118102868.html.

道路自信、理论自信、制度自信、文化自信。当然，正面宣传不是说面对存在的问题不报道、不揭露，而是报道的方式要合理合法、合规合矩，报道的内容要客观公正、真实可靠，报道的目的要有利于问题的解决和处理，报道的效果要符合人民群众的根本利益。正如习近平总书记指出的，“新闻媒体要直面工作中存在的问题，直面社会丑恶现象，激浊扬清、针砭时弊，同时发表批评性报道要事实准确、分析客观”①。

2. 把握融媒时代的思想政治教育规律

融媒时代高校思想政治教育面临着新的特点、新的挑战和机遇，但无论环境如何变化，思想政治教育的规律不会改变，依然是指导融媒时代高校思想政治教育的根本指针。在2016年的全国高校思想政治工作会议上，习近平总书记指出，“做好高校思想政治工作，要因事而化、因时而进、因势而新。要遵循思想政治工作规律，遵循教书育人规律，遵循学生成长规律，不断提高工作能力和水平”②。

首先就是要遵循大学生思想政治素质形成发展与教育引导规律。要进一步认识社会实践是大学生思想政治素质形成与发展的基础。要充分认识到大学生思想政治素质形成和发展的过程是指大学生“思想、政治、道德方面的认识、情感、行为，从简单到复杂、从低级到高级、从量变到质变的矛盾运动过程”③，是一个动态的发展变化过程，是教育、环境、自我三个因素相互影响、共同作用的结果。当前高校思想政治教育要从大学生思想政治素质的实际水平出发，着眼于大学生思想政治素质的“最近发展区”实施教育。在教育主题的选择上，高校思想政治教育要结合新时期、新时代特征，着眼

① 习近平：坚持正确方向创新方法手段 提高新闻舆论传播力引导力[EB/OL].(2016-02-19)[2022-03-20].http://www.xinhuanet.com//politics/2016-02/19/c_1118102868.html.

② 我国必须走自己的高等教育发展道路[N/OL].京华时报,2016-12-09[2022-03-20].http://inews.ifeng.com/mip/50386970/news.shtml.

③ 《思想政治教育学原理》编写组.思想政治教育学原理[M].北京：高等教育出版社,2016:161.

于提高实效性、针对性、发展性，不断求真务实，不断创新求变。在加强大学生思想政治教育、世界观教育、人生观教育、法治观教育、道德观教育的基础上，要注重对大学生生死教育、心理健康教育、恋爱婚姻观教育、职业生涯教育、互联网素养教育等内容的引导。在教育形式上，要倡导隐性教育，注重实践教学，积极用好新媒体新技术，讲好中国故事，传播先进文化。正如习近平总书记所提出的，“随着形势发展，党的新闻舆论工作必须创新理念、内容、体裁、形式、方法、手段、业态、体制、机制，增强针对性和实效性。要适应分众化、差异化传播趋势，加快构建舆论引导新格局。要推动融合发展，主动借助新媒体传播优势。要抓住时机、把握节奏、讲究策略，从时度效着力，体现时度效要求。要加强国际传播能力建设，增强国际话语权，集中讲好中国故事，同时优化战略布局，着力打造具有较强国际影响的外宣旗舰媒体”①。

其次就是要进一步遵循教书育人规律。高校思想政治教育是我国教育事业的重要组成部分，大学教师作为高校思想政治教育的主体力量必须坚持党的教育方针，遵循教书育人规律，要让教师成为学生成长路上的铺路工和领路人。2021 年 9 月 8 日，习近平总书记在给全国高校黄大年式教师团队代表的回信中指出，“好老师要做到学为人师、行为世范。希望你们继续学习弘扬黄大年同志等优秀教师的高尚精神，同全国高校广大教师一道，立德修身，潜心治学，开拓创新，真正把为学、为事、为人统一起来，当好学生成长的引路人，为培养德智体美劳全面发展的社会主义建设者和接班人、全面建设社会主义现代化国家不断作出新贡献”②。融媒时代，人人都是媒体，事事都是新闻，处处都有热点。教师就是学生生活的“媒体人”，教师的一言一

① 习近平：坚持正确方向创新方法手段 提高新闻舆论传播力引导力[EB/OL].(2016-02-19)[2022-03-20]. http://www. xinhuanet. com//politics/2016-02/19/c_1118102868. html.

② 习近平回信勉励全国高校黄大年式教师团队代表[EB/OL].(2021-09-09)[2022-03-20]. http://www. moe. gov. cn/jyb_xwfb/s6052/moe_838/202109/t20210909_561248. html.

行都是学生潜意识中的“教育”,教师形象的维系关系到学生对教育的认可和守望。每个高校思想政治教育工作者都要像黄大年一样,把党和国家的利益放在首要位置,愿意在自己的本职岗位上默默耕耘、艰苦付出,成为学生心目中的好老师。高校思想政治教育的每一位工作者都要认识到自己就是融媒体生态当中的重要链环,不断以“学高为师,身正为范”为教育准则,从一言一行、一点一滴做起,把教书育人、立德树人作为自己的人生追求和奋斗目标,书写自己精彩的人生答卷。

最后就是要进一步遵循学生成长规律。高校思想政治教育工作的对象是青年大学生,这就需要我们进一步科学地认识和掌握他们的身心成长规律。一是要看到在思想政治教育领域同样需要遵循因材施教的方式方法。虽然在政治素养、政治立场和意识形态上对每个大学生的要求都是一致的、一贯的,但不是所有的大学生都有同样的政治学习觉悟和领悟能力,这就需要对个别大学生采取有针对性的方法,要有“一把钥匙开一把锁”的思政教育理念,绝不能在思想政治教育上搞“一刀切”,这在理论上是错误的,在实践中也是有害的,有时还会引起个别学生的逆反心理,加剧对主流意识形态的抗拒,成为融媒生态系统中的一个负面因素,这是值得我们防范和警惕的。二是要在高校思想政治教育工作中对大学生给予耐心和信心。党的思想政治教育工作是一项长期而艰苦的工作,需要我们有耐心有信心地做好融媒体工作。正如习近平总书记2014年在中央网络安全和信息化领导小组第一次会议上的讲话中提出的,“做好网上舆论工作是一项长期任务,要创新改进网上宣传,运用网络传播规律,弘扬主旋律,激发正能量,大力培育和践行社会主义核心价值观,把握好网上舆论引导的时、度、效,使网络空间清朗起来”①。

① 关于媒体融合,总书记这样说[EB/OL].(2016-02-20)[2022-03-20].http://www.xinhuanet.com/politics/2016-02/20/c_128736695.html.

当前高校思想政治教育工作的环境与传统媒体环境相比有了巨大而深刻的变化,主流媒体正在受到商业社交媒体的强烈竞争,从用户数量和忠诚度来说,我们的主流媒体还没有占据绝对的优势。因此,融媒时代,高校思想政治教育工作要做好打硬仗的准备,甚至要做好接受面临暂时落后、被动挨打的局面。这就需要我们保持耐心,不能为一时的胜利而骄傲,也不能为一时的失利而气馁。学生的思想政治素质需要我们长期的耕耘和创新,要始终相信党和国家各项事业不断发展的基本盘,坚信学生在教育工作者的谆谆教导和管理服务中能更好地成人成才的美好前景,在思想政治教育工作中不忘初心、不辱使命。

第四章 融媒助力高校思政教育改革创新

第一节 技术维度的突破与改革

互联网的快速发展与普及推动了融媒的跨越式发展，加速了新媒体与传统媒体的融合——以实现资源共享、内容互融、传播协作和效益分享。[①] 2014 年 8 月 18 日，中央全面深化改革领导小组第四次会议审议通过了《关于推动传统媒体和新兴媒体融合发展的指导意见》，提出"融媒"这一同时具有传统媒体的权威可信度、优质内容的生产能力和影响力，又拥有新媒体的传播技术、渠道、平台多样性和即时性的新形式，这种可实现深度互动的新型媒体形式呈现出了强大的舆论传播能力。2019 年 1 月 25 日，习近平总书记在参加中共中央政治局就全媒体时代和媒体融合发展举行第十二次集体学习时指出，推动媒体融合发展，建设全媒体成为我们面临的一项紧迫课题。在传统媒体和新兴媒体不断深度融合的时代背景下，要综合系统借鉴世界信息革命的最新成果，推动媒体融合向纵深发展。这一切，为思政教育技术维度的改革与创新发展指明了方向。众所周知，新媒体的发展为高校

① 崔璨. 融媒体时代高校思政教育的现实障碍与化解路径[J]. 传播力研究，2019(25).

学生提供了多样化的信息交流平台，在这样的环境下，高校学生能够接触到更多信息，开放的媒体环境也带来了更多不同的思想文化及价值观，放大了各种社会矛盾，这些问题相互叠加，并且集中呈现，让身处其中的高校学生思想活动表现出了更多的独立性、选择性、多变性和差异性，信息接收和散布渠道越来越广，给高校思想政治教育工作带来了更多挑战。新媒体为大学生提供了平等的信息获取通道，信息的获取畅通无阻；商业社交媒体的更新换代，帮助大学生随时随地方便地与他人交流沟通；各种新媒体平台的涌现，成为大学生展示自我、表达自我的媒体工具；移动通信工具性能的不断提升，让这些功能愈发变得触手可及。同时，这些信息技术发展的大潮下也存在着暗流涌动，信息的丰富性带来了可靠性危机，交往的便利性带来了诱骗的问题，传播的随时性带来了造谣的风险等。媒体是由人创造的，媒体也创造着人。高校思想政治教育营造什么样的融媒思政环境，也在一定程度上影响着大学生的健康成长。

一、融媒——基于新技术的跨媒介传播方式

随着时代高速发展，新媒体和传统媒体的交融正在形成一种特有的生态圈——融媒。这一生态圈非常复杂多变，由于这些变化都是围绕着用户的体验，它们总是在“更新换代”“自我繁衍”中不断发展进步。[①] 随着新媒体与传统媒体融合程度的不断拓展和加深，融媒体发展日新月异，功能日趋强大，使用日趋简单，与每个用户实际的生活相关联。新媒介不断涌现，技术平台日益丰富，各种媒介之间不断关联、融合、发展，从而衍生出更多新的

① 杨叶菊. 媒体融合理念下高校思政课教师教学艺术的迭代原则[J]. 成都航空职业技术学院学报，2019(4).

产品和多功能产品。①

基于新技术的跨媒介传播方式，在坚持传统传播方式的基础上，也借助“微”媒介，进行“微”传播。尤其是当今的媒体已经形成微信、微博、BBS、定位服务、即时通信、消费点评、百科、在线问答、图片音乐文章共享、视频分享等巨大的新媒体群类，②这些网络产品的最大特点是融合了社交、娱乐、资讯、学习等功能，已经不再是传统意义上的媒介平台，而更像是用户网络生活的综合服务载体。

融媒是新时期传统的传播方式与传统媒体相互渗透结合的现实需求与未来趋势。利用新技术平台，在实现传统传播内容的同时，还有着作为典型代表的“微”系列，它们与新型媒体的传播匹配度最高，在充分利用新媒介移动化、可视化特点的基础上，发力“短”系列，如短视频，内容形态不断创新，打造创意十足的新型媒体产品。尤其是随着视频音频共享微平台的崛起，视频音频资源更是可以得到共享，例如抖音、快手、小红书、微视频、火山小视频、梨视频、樊登读书 App 等，视频音频欣赏、转发分享已经成为年轻人司空见惯的娱乐方式。移动端的“宠儿”——大家熟知的短视频，传播力强，感染力也强，学生网民会在 App 上观看视频，甚至制作短视频，分享生活已经成为新常态。一些生产群体热衷于视频直播类、微视频短片类等新媒体产品，利用手机摄像设备，记录社会生活中时刻都在发生的、有趣的、具有一定新颖性的事件，并且通过自己注册的账号在平台上进行传播。短视频、开直播，年轻人以更加直观、全面、立体和深刻的方式抵达受众，便捷、高效地以深入浅出的形式把内容传递给观看者。从“媒介叠加”到“媒介融合”的格局逐渐形成，随之而来的舆论的辐射式传播、数据信息的多元多变以及思想

---

① 杨叶菊. 媒体融合理念下高校思政课教师教学艺术的迭代原则[J]. 成都航空职业技术学院学报，2019(4).

② 张筱涵. 利用融媒体促进大学生思想政治教育传播研究[D]. 成都：成都理工大学，2016.

意识的纷繁杂乱，对高校思政教育体系的发展提出了全新的要求。[①]

2014 年 8 月 18 日，中央全面深化改革领导小组第四次会议审议通过《关于推动传统媒体和新兴媒体融合发展的指导意见》，推动了媒体融合的跨越式发展。随后，我国各级各类媒体认真贯彻落实中央精神，纷纷成立融媒体中心或全媒体中心，融媒建设进入了全速发展的时期。[②]

2017 年 1 月 11 日的《人民日报》刊登了署名文章《推进媒体深度融合 打造新型主流媒体》，摘录了中宣部部长刘奇葆同志在推进媒体深度融合工作座谈会上的讲话，对融媒的发展提出了“坚定不移推进媒体深度融合、确立移动媒体优先发展战略、突破采编发流程再造环节、抓好中央厨房建设龙头工程、强化全媒体人才培养”[③]等五大个要求，再次强调融媒建设，表示要坚定不移推进媒体深度融合。

2018 年 8 月，全国宣传思想工作会议指出，“要扎实抓好融媒中心建设，更好引导群众、服务群众”。为进一步加强和巩固高校宣传思想阵地，引导主流舆论，高校宣传思想工作要牢牢把握媒体融合的机遇，探索高校媒体融合工作，提升高校新闻舆论的影响力、主导力、传播力、公信力，为构筑全员全程全方位育人的良好环境提供强有力的媒体支撑。

2019 年 12 月 5—6 日，为深入贯彻落实中共中央关于推动媒体融合发展的最新战略发展要求，做大做强新时代教育主流媒体工作，教育融媒建设试点工作推进会在复旦大学举行。“这是教育部首次就教育媒体融合发展召开工作推进会。”在教育系统开展融媒建设试点工作，对于加快推进教育媒体融合发展具有重要的榜样和引领作用。会议提出，“各试点单位要坚持正确政治方向、舆论导向、价值取向，坚持围绕中心、服务大局，强化领导责

① 卞波，吴春梅. 媒介融合背景下高校思想政治教育研究——以“学习强国”APP 为例[J]. 黑龙江教师发展学院学报，2020(8).

② 何寿林. 高职院校媒体融合路径初探[J]. 新媒体研究，2018(21).

③ 刘奇葆. 推进媒体深度融合 打造新型主流媒体[N/OL]. 人民日报，2017-01-11[2022-03-20]. http://www.xinhuanet.com/newmedia/2017-01/11/c_1120285034.html.

任，加强统筹协调，创新实施体系，加大保障力度”。要主动顺应信息技术发展趋势，加强机制创新、流程优化，打造集宣传、服务、治理等多功能于一体的统一平台，加快探索新时代“全程、全息、全员、全效”教育融媒发展路径。[①]要坚持目标管理和过程管理相结合，推动工作推陈出新，不断提升教育新闻舆论工作的影响力和吸引力，推进高校思想政治教育治理体系和治理能力现代化。

新媒体新技术的快速发展，给传统媒体行业和校园传统媒体带来了巨大的冲击，在传统媒体行业纷纷思考转型之路，尤其是中央推动传统媒体和新兴媒体融合后，融媒建设进入了高潮。[②] 曾经的传统纸媒、校园网、校园电视台等校园媒体也不断与时俱进，全面推动媒体融合工作。

二、融媒时代高校思政传播方式的创新

科技发展日新月异，迭代更新极快，新的传播方式已经通过新科技的运用呈现出新的生机和活力，高校思想政治教育不仅需要发挥自己的传统优势，也要利用新技术做好新时期的传播和分发工作。马克思在《哲学的贫困》中谈道，随着新生产力的获得，人们改变了自己的生产方式；随着生产方式即保证自己生活方式的改变，人们也就会改变自己的一切社会关系。融媒时代高校思政教育必将改变传统教学模式中“老师讲”“学生听”的“主动”与“被动”局面，[③]教师要看见和尊重大学生在新闻资讯信息获取方面的平等地位和权利，知识和讯息不再成为教师的专利，而是师生共同学习协作的基础。教师要从“给学生一碗水自己就要有一桶水”的以“教”为中心的传统观念转变为和学生一起在互联网事件中“寻找源头活水”的以“学”为

① 方雅静．“融媒体”发展带来的高校学生就业工作挑战与机遇[J]．中国大学生就业，2020(3)．

② 翟晨肖．校园融媒体平台建设的问题与对策[J]．新闻研究导刊，2017(8)．

③ 王亮，徐鹏．新媒体环境下高校思政教育路径优化[J]．新闻战线，2018(11)．

中心的新观念。教育者只有不断在融媒环境下学会学习、学会生长，才能更好地和学生打成一片，才能获得学生的信任，获得学习的流量，思想政治教育才会在融媒平台上发挥应有的效应和作用。

高校思想政治教育工作者在融媒时代要树立学生用户意识，就是不仅要把学生看成教学的对象，也要作为服务的对象。高校思想政治教育把学生理解成媒体用户，这样就会在主题选择、内容编辑、呈现形态、互动方式等方面更好地满足学生日益多样的发展需要。

信息化2.0时代的互联网思维强调，互联网不仅是技术，更是一种思维方式。互联网思维包含着丰富的内涵，其中以用户思维为重要内容。用户思维，是指在价值链各个环节中都要"以用户为中心"去考虑问题，就是要站在用户的角度去设计产品，提供服务。随着信息时代的到来，万物皆可互联网的今天，世界变得更加开放，每个人都能随时随地享有畅通无阻的信息资源，人们和信息的关系由过去的"被动接收"到"自主选择"，用户成为互联网世界的主人，用户思维成为互联网思维的核心内容。在教育领域，知识不再掌握在教师手中，教师也不再是知识的权威，信息化时代教师的地位和作用正在受到越来越多的挑战。

当前，不少教师在思想政治教育工作中缺乏用户意识，在互联网上没有把学生当作互联网用户来思考，还是把学生当作传统的教育对象——被动接受知识的"容器"，强行地"塑造"，粗暴地"植入"，一味地"灌输"，学生往往参与率较低，活跃度不高，互动性不强，教学效果往往不尽如人意。虽然平台上、技术上都有了信息化、融媒体的元素，但教师却在理念上、认识上没有信息化、互联网的灵魂，在思想政治教育工作过程中难以落实"用户价值第一""用户至上"等理念。因此，基于互联网思维的思想政治教育工作，必须在思维、方法、平台、技术等方面有"焕然一新"的改变，本质上是对思想政治教育工作者传统权威身份的自我否定和服务意识、创新发展的决心。高校思想政治教育应该把服务和满足学生全面发展放在第一位，站在"用户需求”的立场开展思想政治教育工作。在开放中服务用户求知，在平等中体现用户尊重，在互动中提高用户关注，在协作中激发用户活力，在共享中丰富用户生活。

以交互式思政学习驿站为例。交互式学习驿站是一种集传统媒体技术与新媒体技术于一体的学习平台，是一个集成器，访问者不仅可以进行传统的读报与读杂志，也可以进行视频的浏览，还可“自由发表意见，能与管理者或其他访问者形成交流互动、进行沟通，进而能够通过这些行为参与驿站内容建设和影响驿站作用发挥的一种网站”①。简言之，就是一种具有高技术性能和丰富内容的集成网站，但又不仅仅是网站，在这里能够实现使用者进行交流互动。“特点是以访问者为中心，充分发挥访问者的积极性”，在建设管理、线下工作等方面以公开化、民主化的方式和途径吸取用户的意见，促进本职工作更好地开展，同时通过积极互动，将管理者的认识和思考有效地传递给用户，这会提高使用者访问的兴趣。通过大数据分析用户或者访问者的浏览兴趣、点击量、反馈信息等，有利于交互式驿站创新主题、完善内容、不断改进工作和提升实效，让交互驿站成为满足大学生用户以及其他受访者学习、生活、工作的重要媒体参考和指导。

随着时代的变迁和科技的进步发展，融媒传播渐渐成为常态，这也为思想政治教育提供了更多的呈现方式，思想政治教育不断以更加亲切、有趣、易懂的姿态走进学生，这些变化是融媒时代带给思想政治教育的惊喜。融媒与思想政治教育的结合所表现出的特点和亮点，展现出思想政治教育利用融媒平台做好推广宣传，使思想政治教育的内容传播至更大范围的受众人群，实现传播效果的优化和升级的常态。② 融媒环境下，由传统媒体平台创新求变发展而来的融媒平台开始逐渐成为高校思想政治教育工作的主要

① 隋飞.利用交互式网站提高大学生网络思想政治教育效果的思考[J].教育与职业，2008(32).
② 张方.移动互联时代广电全媒体“两会”新闻报道创新探索[J].中国传媒科技，2019(2).

宣传途径，对青年大学生的思想观念、价值选择和行为方式产生了重要的影响。在主流媒体紧跟时代，大胆运用新技术、新机制、新模式，加快融合发展步伐的今天，高校思想政治教育也要与时俱进，实现媒体融合，促进舆论宣传效果的提升。高校思想政治教育要勇于创新，在新闻采集、内容制作、转播路径等方面做好建设和创新，积极创建微信、微博、手机 App、校园报、大学慕课系统等各类新媒体平台，致力于提供满足大学生发展需要的各种参与式、互动式、体验式的信息服务，实现思想政治舆论传播的全方位覆盖、全天候服务、全领域渗透，推动党和国家的好故事、好声音向大学生经常使用的各类客户端终端推送，努力占领新的舆论阵地。可以看出，新媒体不断发展，出现了全程、全息、全员、全效媒体，信息服务无处不在、无所不及、无人不用，不断地使社会舆论生态、媒体格局、传播方式发生一系列深刻的变化。

新时代、新时期，新发展、新目标，新对象、新需要，这些都要求我们高校思想政治教育工作与时俱进，不断创新。正如习近平总书记在中共中央政治局第十二次集体学习上的讲话所说，高校思想政治教育工作“要把握大势，做到因势而谋、应势而动、顺势而为。我们要加快推动媒体融合发展，使主流媒体具有强大传播力、引导力、影响力、公信力，形成网上网下同心圆，使全体人民在理想信念、价值理念、道德观念上紧紧团结在一起，让正能量更强劲、主旋律更高昂”①。

三、改革势在必行

高校思想政治教育工作在融媒时代面临着一系列机遇和挑战，这就需

① 习近平：加快推动媒体融合发展 构建全媒体传播格局[N/OL]. 人民日报，2019-03-15[2022-03-20]. https://baijiahao.baidu.com/s?id=1628062181034138166&wfr=spider&for=pc.

要每一位思想政治教育工作者认清形势、直面困难、敢于挑战。网络是一把双刃剑,其爆发式传播如果利用不好,就会对舆论场造成很大影响甚至难以预见的危害。这就要求我们高度重视融媒体时代信息传播的重大负面影响力,时刻保持警惕,加大对负面信息的研究和管理,以及对负面信息所造成伤害的管控,把负面影响降到最低。这同时也给高校思想政治教育在融媒平台的工作提出了更高的要求,那就是要时刻保持信息的及时、准确、科学,否则稍有不慎,信息就会被别有用心的人曲解、篡改、抹黑、恶意攻击等,造成不良影响。高等院校作为主流意识形态的重要阵地,应该自觉地把自身的媒体角色纳入主流媒体的大局,要认识到高校思想政治教育关系着社会舆论的健康发展,要认识到青年大学生在互联网用户中占据的重要地位和作用,因此绝不能忽视高校的融媒体建设,要坚持科学发声,坚持正面引导,更要坚守政治立场。主流媒体守土有责,更要守土尽责,敢于引导、善于疏导,牢牢掌握舆论场主动权和主导权。①

高校要主动顺应现代信息技术快速发展及传播方式的深刻变化。基于互助影响,效应叠加,思政教育利用融媒平台,不仅使课堂趣味横生,这种趣味更是可以通过融媒平台传播到更多的受众,同时融媒平台还可以提供更多的教育资源支持、革新的教育方式、全新的学习模式、更好的学习效果。在融媒环境下,传统的课程格局被打破,学生获取思政教育内容的方式在改变,融媒的加入,让传统的思政课程焕发新颜。同样,思政示范金课板块化集纳"思政碎片",优质的内容和生动的表现形式是碎片化的信息时代吸引用户眼球、触发用户关注的"内核",使思政示范金课变成思政课程教学主旋律"大片",点亮了"融媒"叙事方式。

高校要重新定位新媒体的发展方向,用大学生喜闻乐见的新媒体新技

---

① 习近平:加快推动媒体融合发展 构建全媒体传播格局[N/OL].人民日报,2019-03-15[2022-03-20]. https://baijiahao.baidu.com/s?id=1628062181034138166&wfr=spider&for=pc.

术来实现高校思政工作的创新开展。要充分利用新媒体、5G、人工智能、大数据等新技术,重新定位校园媒体的发展战略,把媒体的思想政治性与服务性、娱乐性、互动性有机统一起来,统筹管理,做到真正的“融合”。融媒时代,高校思想政治教育需要整合校内各工作单位、各媒体平台,积极建立健全适应媒体融合的体制机制,建立党委领导下的现代融媒或全媒体中心平台,促进资源整合和整体效果优化,激发各类思想政治教育工作组织机构活力,形成合力整合资源,提升宣传实效。高校也要加快进行融媒运营的人才队伍建设,提升融媒生产和服务能力;不断整合高校媒体人群,细分目标用户,利用微信、微博、客户端等新媒体平台搭建舆论引导和新闻传播新平台,搞好差别化、个性化信息服务。更重要的是,高校的融媒建设实践应着眼于用户的需求,从用户体验角度出发,通过平台建设规划、平台技术策略、采编运营团队组建以及平台运营路径四个层面,合理布局,整合资源,提升人才融媒素质,利用高效的融媒中心系统,高效运营,深层次开发。

众所周知,融媒时代高校思想政治教育所面临的现实背景是双重的,融媒不仅使思想政治教育的社会环境、文化环境变得更加复杂,工作对象、模式、队伍也受到了冲击,给青年大学生的生活、学习、心理和价值观带来了重大影响和严峻挑战。同时,由于在信息收集、信息内容与形式、信息传播渠道等方面的重大变革,作为融媒时代高校思想政治教育的一种新形式,融媒技术对青年大学生的思想政治素质、价值取向和道德观念的形成有着极大的影响,给高校思想政治教育的创新改革带来了难得的机遇。高校思想政治教育依托于融媒,对于信息遴选、内容精选,优化思政教育内容,强化思政内容融合突出优势等都至关重要。

第二节　理论维度的传承与创新

在媒介发展的历史中，每一种媒介形态的产生，每一次科技革新的发展，都意味着媒体传播格局的重大转换。媒介形态的变迁，既是传播途径的变化，也带来了传播内容和传播关系的重大变化。融媒时代，各种媒体的融合必然促使思想政治教育信息传播的内容进行优化。因此，教育者也必然会更加注重信息传播的内容质量，把“内容为王”作为传播的标准。对于新闻媒体来说，内容创新是最根本的创新。① 高校思想政治教育工作的融媒体建设要牢牢抓住自身在内容创作上的权威性、科学性、可靠性，让过硬的内容质量成为指导大学生生活、学业的重要参谋。

一、融媒时代高校思政内容结构优化的原则

当前高校思想政治教育的社会环境发生了巨大变化，融媒时代高校思想政治教育具有更加复杂多变、多元共生的时代内涵，高校思想政治教育的内容和主题需要与时俱进地进行调整、优化和创新。尤其是近几年随着我国传播技术的高速发展，社会经济文化日趋成熟，青年大学生的个人期望与社会要求之间既有矛盾也有协调统一之处。高校现有的思想政治教育无论是教育方式还是教育内容，都难以满足青年大学生日益增长的知识、信息和素质提升的需求。因此，高校思想政治教育要实现内容结构的优化，在融媒时代做出符合社会发展需要和个人成长要求的改变，需要遵循以下几个原则：

---

① 关于媒体融合，总书记这样说[EB/OL].(2016-02-20)[2022-03-20]. http://www.xinhuanet.com/politics/2016-02/20/c_128736695.html.

（一）理论和实践相统一原则

由于融媒时代学生思想状况的复杂性、需求的多样性，无论是高校思想政治教育内容结构优化的理论还是实践，都必须基于长期观察和实践反思，坚持从实际出发，实事求是。

首先，融媒时代高校思想政治教育内容的结构优化要切实反映当前社会的现状与发展要求。思想政治教育的内容要取材于社会现实并按照现实生活的逻辑予以展开，引导学生在社会现实中把握大是大非、善恶美丑，累积人生智慧和认识自身的社会责任，以此构建兼具现实价值和理性力量的高校思想政治教育内容结构优化体系。对于思想政治教育内容基本的理论问题，我们需要把抽象的道理具体化，使之更加容易与青年大学生的生活实践产生共振。高校思想政治教育内容结构和主题选择优化要基于当代大学生的个性特征及思想认知特点。高校需要把思想政治教育内容关注的群体对象由粗像的人转成具体的人，从普通的人转向兼备共性特点和个性特色的具象之人。思想政治教育必然要关注青年大学生具体个体的成长、生存与发展的现实需要，尊重学生差异，秉承多元化价值理念，实现对学生的教育引导。同时，高校思想政治教育的内容优化要正面回应、积极应对大学生关注的热点、焦点、难点问题，并善于把这些问题、难题讲透、讲明白，以鲜明生动的方式解决青年大学生政治认识和思想价值方面的问题，帮助青年大学生在纷繁复杂的信息爆炸中找到立足点、找到方向感、找到向心力，让高校思想政治教育工作的融媒平台成为大学生靠得住、可信赖、能转发、有帮助的媒体助手。高校思想政治教育内容需具有较高的可读性，贴近地域特色文化、校园文化的特点和学生群体的特点，内容范围要广，表达方式丰富多样，语言生动接地气。

其次，高校思想政治教育的内容要通过教育实践不断进行补充、修正和完善。实践是检验理论的唯一标准，高校思想政治教育内容结构优化必须在实践中接受检验并不断优化和完善。高校思想政治教育内容的结构优化要切实考虑高校青年大学生的实践现实，在自媒体大行天下之时，关注学生的现实学习生活实践状况，尽可能地了解学生的生活实践，与实际情况贴近，满足当代大学生的生活实践需要。因此，在优化思想政治教育内容时，要树立精准思维，对准焦距、找准穴位，精准解决学生思想和实践中遇到的问题。[①] 高校思想政治教育的内容优化应通过对青年大学生进行价值引导来满足其发展需要，通过为青年大学生提供理论方法指导来满足实践需要。融媒时代的精准发力就是高校思想政治教育改革创新的制胜法宝，不过需要了解的是，高校思想政治教育内容结构优化并非盲目地不加辨别地添加新的思政教育要素。

最后，高校思想政治教育内容结构优化要从大局出发，从整体出发，系统梳理、全面研判融媒时代高校思政的政策环境，对现有的高校思政教育内容体系和传播能力现代化水平进行客观判断。这种判断应该观照到从国家、地方到高校以及高校内部的不同层面。[②] 加强和改进融媒时代高校的思政工作，根据不同的需要进行思政教育内容优化改革，具体问题解决好了才能够真正做好融媒时代的高校思政工作，才能推动高校思政工作实现全新的质的飞跃。这就需要研究现有的政策是否存在漏洞，从不同方面考虑问题，对现有政策从整体上进行梳理，对于不符合时代要求的地方要用一定的方式进行调整。同时，还要从思想政治教育规律以及人才成长的规律出发，全面掌握学生的思想状况，延伸利用大数据手段，分析深层影响因素，拓展渠道，优化供给，满足需求，激发学生内在的受教育动力。从精准提升学生思政素养角度出发，在“内容为王”的指导思想之下，不同载体之间、不同对象之间、不同课程之间，分类分层分群施教，找好切入点，实事求是，廓定相

① 徐艳国. 以精准思维深入推动新时代高校思政改革[J]. 中国高等教育,2019(1).

② 徐艳国. 以精准思维深入推动新时代高校思政改革[J]. 中国高等教育,2019(1).

应的思政教育内容,推进思想政治教育精准供给,从而增强思想政治教育的理论性和实践性。

（二）个人和社会相统一原则

2012 年 11 月 29 日,习近平总书记在参观《复兴之路》展览讲话时首次提出“中国梦”。“青年兴则国家兴,青年强则国家强。青年一代有理想、有本领、有担当,国家就有前途,民族就有希望。中国梦是历史的、现实的,也是未来的;是我们这一代的,更是青年一代的。中华民族伟大复兴的中国梦终将在一代代青年的接力奋斗中变为现实。”[①]对包括大学生在内的青年大学生开展思想政治教育,是我国建设中国特色社会主义现代化的重要组成部分和必然要求。因此,从思想政治教育内容优化的角度看,青年大学生个体发展与社会发展是统一的。

1. 高校思政内容结构优化要满足大学生发展的需要

时代的发展、社会的进步,对个人综合素质提出了更高的要求,迫切要求高校思想政治教育主动进行提升和优化。[②] 青年大学生综合素质的提升是高校思想政治教育内容结构优化的着力点,应在满足学生基本生存需要的前提下,引导学生成长为推动社会发展的力量。“以青春之我,创建青春之国家,青春之民族。”思政教育内容结构优化需充分尊重和发挥青年大学生的能动性。新技术中的大数据分析技术基于海量数据计算来进行特点分析和趋势预测,特别强调个体表现与所产生的现象之间的关联情况。大数据可以根据学生用户的浏览习惯、偏好、选择等数据进行分析比对,从而做

① 习近平:决胜全面建成小康社会 夺取新时代中国特色社会主义伟大胜利——在中国共产党第十九次全国代表大会上的报告[EB/OL].(2017-10-27)[2022-03-20]. https://www.12371.cn/2017/10/27/ARTI1509103656574313.shtml.

② 季海菊.大数据时代高校思想政治教育的内容结构优化[J].学海,2017(6).

出相应调整优化,整体和动态满足用户的焦点需要,更加合理地对思想政治教育的内容主题进行调整和创新。通过大数据,可以直观而精确地分析学生当前的思想动态,这样就使得思想政治教育内容的结构优化具有了广泛性和先进性。同时,通过新技术对青年大学生的思想行为特点进行筛选和分析,针对不同个体或同一个体的不同阶段,分层、分类和分众进行教育内容的供给,增强思想政治教育内容供给的针对性及实效性。[①] 要做到这一点,在思想政治教育内容进行结构优化的时候,不仅要重视内容各要素之间的地位和主次,使内容结构更为合理,以提高内容供给质量;还要注重内容各要素之间的因果关系,善于发现内容不同要素之间的潜在关联,这样就可以避免片面单一的认知造成内容体系认知的不完整和结构的片面化,使思想政治教育内容的结构更加合理与完善。"大学生强则国家强。大学生有理想、有本领、有担当,国家就有前途,民族就有希望。"高校思想政治教育内容如果能够达到可以为青年大学生驰骋思想打开浩瀚的天空,可以为青年大学生的理想实践搭建广阔的舞台,可以为青年大学生的人生塑造提供更好的机会,可以为青年大学生梦想的实现奠定求真务实的态度,这样的思政内容结构优化才是成功的。

2. 高校思政内容的结构优化要满足社会发展的需要

实现中华民族伟大复兴是近代以来中华民族最伟大的梦想。这是中华民族在经历了多少年的苦难之后仍然屹立世界的精神动力和精神力量,也是中国社会在新时期发展的目标追求和时代要求。马克思曾指出,"人的本质是一切社会关系的总和",只有在社会交往关系中,个人的社会属性才能得以实现和发展。首先,高校思想政治教育内容结构优化应满足现实社会发展的需要,能够解决时代发展中青年大学生所面临的困惑。作为高校思

① 季海菊. 大数据时代高校思想政治教育的内容结构优化[J]. 学海,2017(6).

想政治主力的思政课教学，主要内容是哲学社会科学，对于形成世界观、人生观、价值观有着重要影响，发挥着思想理论引导、核心价值培育、精神品格铸就和人文素质滋养的重要作用。“一个国家的哲学社会科学学科体系和教材体系建设的能力和水平，是国家综合国力，特别是文化软实力的集中体现，也是一个国家树立文化自信的基础和根据”①，同时也是推动高校思想政治教育工作改革创新的重要支柱。其次，在进行高校思想政治教育内容结构优化的过程中，要始终坚持服务国家、服务社会的原则。高校思想政治教育内容的选取必然受到社会客观条件的制约，时时面临着个人价值与社会价值的矛盾和选择。在面对社会价值与个人价值取向的矛盾时，应开展社会主义核心价值观教育，使青年大学生正确理解国家和社会与个人发展的关系，学会从大局出发，正确处理好社会需要与个人需要之间的关系。

青年大学生作为高校思想政治教育工作的受众主体和对象，个体发展的现实需求是天然的诉求，是其主观能动发展的不竭动力。我们应该对以往的思想政治教育内容中那种“过分放大社会发展需要，否定个人发展需要”或者“过分突出个人发展需要，排斥社会发展需求”的思想进行纠偏，不能片面地看待，不能突出个人发展与社会发展的矛盾，而忽视个人发展与社会发展的统一。在高校思想政治教育内容优化中，不能忽视个人主体发展的内在要求，否则改革创新将会寸步难行或者流于表面；也不能牺牲国家或社会的需求而迁就个体的种种需求。只有国家好、社会好，存在于其中的个体才会有一个好的环境去成长和发展。每个个人如果都能得到一个好的发展，那么国家和社会也会有一个好的发展。因此，在高校思想政治教育内容结构优化的过程中，需要秉持个人与社会相统一的原则。

（三）主观和客观相统一原则

坚持主观和客观相统一是马克思主义辩证唯物主义的基本观点。辩证

① 顾海良.“双一流”建设要坚持以学科建设为基础[J].中国高等教育，2017(9).

唯物主义认为,主观依赖客观、客观决定主观,人的主观认识是客观现实的反映。人的认识是辩证运动,也是主观和客观在现实实践基础上的辩证统一。因此,主观认识必然要同一定条件、时间、地点下的客观实践相符合。如果客观实践具体过程已经开始向前推移,主观认识就该应机而动,随之转变。融媒时代,科技发展已经达到一个前所未有的高度,人们已经迈入10年前还不可想象的5G时代,如果主观认识仍然停留在原来的程度上,就会有保守主义错误的危机。因此,随着融媒时代到来,高校思想政治教育内容结构进行改革和优化也是正当其时,这就要求高校一方面要坚持真理性认知,引导青年大学生正确认识客观规律;另一方面要厘清和明确国家的政治性要求,培养学生基本的政治素养。

1. 高校思政内容优化创新要注重认知的真理性

高校思想政治教育的内容要能够正确反映客观现实的本质和规律。兼具客观性和真实性的高校思想政治教育内容要能够科学地研究社会现象以及一切事物背后的内在结构和本质联系,能够反映客观事物的本质和规律。高校思想政治教育的内容优化可以通过教育的实践经验不断进行补充、调整和完善,在实践中接受检验并不断优化和完善。高校思想政治教育内容的优化要与时俱进、实实在在,结合当代的时代特点和现实条件来进行。高校需要以兼容并包的态度来充分借鉴和利用古今中外的先进技术和文化,根据学生的思想实际来选择新的教育内容。思想政治教育需要在把握青年大学生共性的基础上结合开展个性教育,加强内容的针对性以找准每位学生的进步切入点、发展立足点,实现所有青年大学生思想道德素质的整体提升,以达到高校思想政治教育的培养目标。高校思想政治教育内容优化不能止步于理论,确定后就要去认真组织实施,同时根据实际情况和变化不断去调整和改进。

2. 高校思政内容优化要注重政治性

思想政治教育目标的有效实现，取决于施教者是否了解受众群体，是否通达思想政治教育内容，是否理解青年大学生与其所生活的社会之间错综复杂的关系。充分解决这些问题，经过改革后的思想政治教育内容才可能最终实现真正的教育目标。首先，高校思想政治教育的内容必须坚持以政治性为根本。2018 年教育部关于印发《新时代高校思想政治理论课教学工作基本要求》的通知中明确指出，思想政治理论课承担着对大学生进行系统的马克思主义理论教育的任务，是巩固马克思主义在高校意识形态领域指导地位、坚持社会主义办学方向的重要阵地，是全面贯彻党的教育方针、落实立德树人根本任务的主干渠道和核心课程，是加强和改进高校思想政治工作、实现高等教育内涵式发展的灵魂课程。[①] 需要指出的是，高校思想政治教育应当承载政治功能，但它却不是政治本身，倘若将思想政治教育的终极关怀政治化，形成政治教育内容占主导地位的内容结构体系，甚至将人的德性塑造等同于政治生活，则无疑是脱离社会实际的。背离社会实际的思想政治教育是没有生命力的，其危险将如爱因斯坦所言：或许只能成为“一种有用的武器”，而不是“一个和谐发展的人”。

此外，也要强调主客观相统一的原则。《新时代高校思想政治理论课教学工作基本要求》中强调，鼓励思想政治理论课教师结合教学实际，针对学生思想和认知特点，积极探索行之有效的方法，自觉强化党的理论创新成果的学理阐释，努力实现思想政治理论课教学“配方”先进、“工艺”精湛、“包装”时尚。[②] 思想政治教育的实践教学作为课堂教学的延伸拓展，重在帮助

---

① 教育部关于印发《新时代高校思想政治理论课教学工作基本要求》的通知[EB/OL].[2022-03-20]. http://www.moe.gov.cn/srcsite/A13/moe_772/201804/t20180424_334099.html.

② 教育部关于印发《新时代高校思想政治理论课教学工作基本要求》的通知[EB/OL].[2022-03-20]. http://www.moe.gov.cn/srcsite/A13/moe_772/201804/t20180424_334099.html.

学生巩固课堂学习效果，深化对教学重点难点问题的理解和掌握。要制定思想政治教育的实践教学大纲，整合实践教学资源，拓展实践教学形式，注重实践教学效果。[①] 积极使用融媒技术，利用网络教学作为课堂教学的有益补充，通过融媒学习平台来引导学生学习思想政治教育的基本内容知识、基础理论等。因此，高校思想政治教育在进行内容优化的时候，要“深入研究利用融媒平台来进行教学的内容设计和功能发挥，不断创新新型教学形式，推动传统教学方式和基于媒体网络技术的现代信息技术有机融合”[②]。

二、融媒时代高校思政内容结构优化的要求

（一）高校思政内容要体现时代性

时代问题是个宏大的背景问题，科学准确地剖析时代本质，是分析形势、制定政策、创新理论、推进实践的基本前提。时代性并不是抽象的概念，它是普遍性和具体性的统一、历史性和现实性的交融。高校思想政治教育内容的优化，必须要准确判断时代特征和世界局势。融媒时代，信息的海量与复杂、资源的共享与开放、交往模式嬗变等情况错综交织，传统高校思想政治教育内容结构优化应该结合时代特征、发展趋势进行调整重组。正如习近平总书记在十九大报告中指出的，“时代是思想之母，实践是理论之源”。习近平总书记深刻地指出：“尽管我们所处的时代同马克思所处的时代相比发生了巨大而深刻的变化，但从世界社会主义500年的大视野来看，我们依然处在马克思主义所指明的历史时代。”[③]习近平总书记这一重大判

---

① 教育部关于印发《新时代高校思想政治理论课教学工作基本要求》的通知[EB/OL].[2022-03-20]. http://www.moe.gov.cn/srcsite/A13/moe_772/201804/t20180424_334099.html.

② 吴玉才，王仕松.新时代高校思想政治理论课教师教学能力提升研究——基于中部A省高校教师的调查[J].安徽理工大学学报(社会科学版)，2020(4).

③ 侯惠勤.哲学与意识形态领导权[J].马克思主义研究，2019(3).

断深入了当今时代的骨髓，探究了当今时代的本质。尤其是当今中国正在经历的社会变革是世界历史上最为广泛和深刻的，也是人类历史上最为独特宏大的实践之一。马克思恩格斯有一句名言："一切划时代的体系的真正内容，都是由于产生这些体系的那个时期的需要而形成起来的。"[①]一个时代有一个时代的问题，一代人有一代人的使命。中国特色社会主义正进入新时代，行进在历史长河的交汇点，面临着历史上前所未有的境遇，思想政治教育的内容绝不能回避如此重大而紧迫的时代课题。当前，中国国内外形势变幻莫测，各种情形正发生着无比复杂的变化，对国家的治国理政考验前所未有。[②] 对学生来说，了解并清楚中国从哪里来、中国应该往哪里去、中国现在处于什么历史方位、中国目前的国际站位等影响时代发展的时代之问、历史之问、实践之问非常重要。

时代性和延续性相结合。"时代发展、社会文明不断进步、科学技术的影响，这些都对人的素质发展提出了更高的要求，高校思想政治教育的内容也要不断发展和更新。"[③]党的十八大提出的社会主义核心价值观，是对国家、社会和个人所应遵守的核心价值体系进行的高度概括，充分体现了马克思主义价值观具有的基本精神内涵，既继承了历史，也体现了与时俱进。"社会主义核心价值观的培育和践行强调的是知行合一，学习的目的在于实践，学校要全力推进实践育人工作。"学校一方面要充分建构学校的融媒平台，建立全方位、立体化、多维度的宣传平台，另一方面要充分发挥微信、微博、抖音等受众面广的新兴媒体平台的作用，讲好学校思政故事。此外，应充分利用学校橱窗宣传栏、户外广告等手段，使社会主义核心价值观的主题

---

① 王子君. 习近平新时代中国特色社会主义思想的鲜明时代性[N/OL]. 光明日报，2019-09-27[2022-03-20]. http://theory.people.com.cn/n1/2019/0927/c40531-31375911.html.

② 王子君. 习近平新时代中国特色社会主义思想的鲜明时代性[N/OL]. 光明日报，2019-09-27[2022-03-20]. http://theory.people.com.cn/n1/2019/0927/c40531-31375911.html.

③ 季海菊. 大数据时代高校思想政治教育的内容结构优化[J]. 学海，2017(6).

内容在学生学习和生活场景中处处可见。[①] 同样,高校的思想政治理论课是高校思想政治教育工作的主阵地、主渠道、主战场,社会主义核心价值观内容必须要进教材、进课堂、进头脑,并用学生喜闻乐见的方式,使思想政治理论课真正成为一门让学生真心喜爱、终身受益的课程,而最终则是要向学生讲清楚我国社会主义核心价值观的基本属性、具体内涵、主要特征以及历史价值等,增强青年大学生对中国道路的理论自信、道路自信、制度自信和文化自信。

时代性和接受度相结合。融媒时代,高校思想政治教育必须敢于直面青年大学生关注的热点难点问题,了解青年大学生的困惑和疑问,把思想政治教育的基本原理与指导学生生活实际紧密结合起来,引导和帮助青年大学生坚持用正确的理论、科学的方法来认识和分析社会的种种问题和现象。严肃而泛政治化的语言,会使思想政治教育内容难以被广大青年大学生所接纳,思想政治教育就容易失去吸引力,难以满足青年大学生的求知兴趣。融媒时代,人们生存在以互联网为连接的网络虚拟空间,在虚拟和现实生活中切换,迥异于传统的复杂的社会人际关系,迫切需要更好地引导青年大学生来回应这种社会需要。因此,高校思想政治教育内容的优化要增强内容的可读性,提高青年大学生的接受度,就要紧密结合地域的经济发展情况、文化底蕴、地方名贤以及校园特色和学生特点,内容表达方式需要多样具体,语言风格需要生动活泼,用高质量的内容滋润学生的心灵。同样,也要正确借鉴世界各地的思想道德教育优秀成果,加强对中华优秀传统文化的继承和发扬,对中华传统美德观点进行新的诠释和激活,结合现代生活赋予其新的时代内涵,努力推动中华传统美德的创造性转化和创新性发展。另外,还要提升融媒时代青年大学生的网络道德意识和规范,尤其是移动互联网时代下网络素养能力的提升。

---

① 王金海.高校践行社会主义核心价值观十个路径[N].光明日报,2016-09-13.

（二）高校思政内容要具有科学性

科学性是思想政治教育的基本属性。思想政治教育内容必须是科学的，是符合科学规律的。高校思想政治教育内容的科学性体现在三个方面：理论的系统性、层次性和严密性。思想教育过程中所传授的内容也必须是人类文明进步的成果、科学发展的成果。同样，思想政治教育所传播的思想、观念、成果等必须是经过实践检验或科学证明的真理。思想政治教育内容必须尊重自然科学规律、社会科学规律、教育规律、个体认知与发展规律，必须面对现实、从实际出发、实事求是、尊重和把握事物发展的客观规律。众所周知，思想政治教育承担着引领价值取向和铸塑灵魂的任务，最终是帮助人们改造主观世界。思想政治教育内容优化的科学性要求，从根本上说就是教育的内容必须经过了实践的检验。同时，思想政治教育中各内容要素都要有丰富的内涵，“各内容在体系结构中都有相应的排列顺序。假若组合不同，功能便可能迥异。假若内容要素主次模糊，结构便可能不合理”[①]。假若忽视个别或者某些教育内容，内容体系便会有所缺失。假若只重视思想政治教育的政治引领，则容易使得思想政治教育内容单一，影响整个思想政治教育的有效性。因此，思想政治教育内容结构优化的科学性非常重要，需要考虑以下两方面的内容：

第一，思想政治教育内容的结构优化要从整体角度考虑。思想政治教育本身是各种要素组成的具有一定复杂程度的动态系统，且各要素之间彼此联系、相互影响，并且形成了思想政治教育系统化的整体结构，这个整体系统又可以分为多个子系统，其中包含主体结构、目标结构、价值结构、内容结构、过程结构等。思想政治教育内容中，“必存在整体和局部的关系，整体是核心，局部是辅助。但有时局部优化和整体优化之间可能并不具有一致

① 季海菊. 新媒体时代高校思想政治教育研究[D]. 南京：南京师范大学，2013.

性，可能存在一定的不同步性和不均衡性”[①]。因此，融媒时代，高校思想政治教育内容结构优化，不应该仅仅是政治教育、思想教育、道德教育、法治教育等各个子系统内容结构的优化整合，还应该完善各子系统内容，并将这些内容置于整个教育系统中，综合考虑各部分教育价值目标的实现。[②]

第二，思想政治教育内容的结构优化要从分层角度考虑。高校思想政治教育改革过程中，分层次才能有针对性地服务教育对象。层次性在很大程度上体现在思想政治教育的对象、教育目标以及教育内容和方式上。与思想政治教育目标的层次性相对应，思想政治教育工作的具体内容也应体现层次性。一是针对不同的教育对象，思想政治教育内容应坚持通识性和个别性的结合；二是针对同一教育对象，思想政治教育内容应该坚持基础性和阶段性的结合，要有螺旋式上升的层次提升，并根据时代的需要不断调整教学内容。融媒时代，教育者、受教育者和教育环境等情况都发生了很大的变化。随着融媒技术的广泛应用，高校师生面对的是一个更加复杂多变的世界，社交形式的多样化，“不同角色和行为方式的转换，也必然引起思想方式、价值观念的深刻变化”[③]。面对这样的情况，我国高校思想政治教育内容的设置受到了巨大的挑战。长期以来，高校思想政治教育在各个层次的高等院校，面对不同专业的大学生，或者针对所有地区，内容都是统一的，缺乏不同区域、不同类型学校、不同专业的区别指导，因而也导致思想政治教育实效性不高，与融媒时代格格不入。融媒时代，青年大学生的价值观念及生活方式发生了翻天覆地的变化。不少高校思想政治教育还是沿用原来的灌输式、本本主义的理论宣传教育模式，难以贴近学生实际、学生生活和社会现实，尽管有部分高校教师开始采用互动式、参与式的教学方式来提高学生的学习兴趣，但是由于教学主题过于空洞、抽象，难以和学生产生共鸣，导致

① 季海菊. 新媒体时代高校思想政治教育研究[D]. 南京：南京师范大学，2013.
② 季海菊. 大数据时代高校思想政治教育的内容结构优化[J]. 学海，2017(6).
③ 季海菊. 大数据时代高校思想政治教育的内容结构优化[J]. 学海，2017(6).

高校思想政治教育的教学效果不尽如人意。当前，为适应融媒的特点，应该根据不同高等院校的不同专业有针对性地开展思想政治教育教学，通过“思政 + 专业”“思政 + 职业（岗位）”以及“思政 + 事业（生涯）”等教学内容创新，提升高校思想政治教育教学的实效。

（三）高校思政内容要具有感染力

思想政治教育的内容要具有感染力，必须“走心”，克服教育内容抽象、晦涩和僵化的缺陷，做到贴近社会现实、贴近专业要求、贴近学生实际。

（1）贴近社会现实。当前我国高校思想政治教育存在的突出问题就是“内容结构体系滞后于经济社会发展，滞后于国内、国外形势的发展和变化”[①]。融媒技术的出现，是人类传播史上的一次伟大变革，它改变了人们被动接收信息的传统传播方式，赋予了人们主动获取和选择、使用信息的权利，人们成了信息的主人，信息获取成为人们用以发展自己的工具和学习方式。但是传统高校还是习惯于信息的独家发布，企图以大众传播的传统思维实现“一个声音”传播给所有学生，没有认清现在学生的特点和现代社会人们在信息地位上的主导权，这成为制约高校思想政治教育发挥积极效应的主要因素。因此，高校思想政治教育要树立“分众传播”的思维方式，积极地适应新媒体时代青年大学生对信息选择的需求，以精准的信息服务来满足不同大学生日益多元的成长和发展需要。只有这样，高校思想政治教育才能成为青年大学生信赖的渠道和平台，高校思想政治教育工作也才能在满足大学生的丰富需要中渗透和传播正确的世界观、人生观、价值观，才能引导和帮助大学生正确认识把握社会现实，解决实际困难或问题。

（2）贴近专业要求。高等教育的主要目标是培养社会发展急需的德才兼备的人才，但是因为传统思想政治教育单一的知识性追求，把思想政治教

---

① 季海菊. 大数据时代高校思想政治教育的内容结构优化[J]. 学海，2017(6).

育与专业理论的学习以及专业技能的培养等方面与智力教育等同起来，再加上逐年增加的就业压力、学生功利性的价值追求，思想政治教育被人为地跟其他类型的教育割裂开来，实现不了应有的价值。要想有一个更好的结果，思想政治教育和专业教育应该发展成为一种“你中有我，我中有你”的关系。因而，高校思想政治教育的内容必然要积极适应融媒时代的要求，与专业互相契合，学会从专业教育中挖掘具有意义和价值的思想政治教育内容，结合学生的特点进行施教。在专业教育过程中，应该以培养有道德的人为前提，只有这样，才有可能真正实现为社会培养出全面发展的高品德高技能的人才。

(3)贴近学生实际。新媒体、新技术的快速发展所引发的不仅仅是传播技术的革新带来的思想政治教育内容的多样性和丰富性，更多的是人们思维方式和思想认知的变革。融媒时代的高校学生，获取信息的渠道是全方位的，任何脱离实际的教育内容只会让受教育者产生冷漠、反感甚至是逆反心理，所以，高校思想政治教育内容结构优化除了马克思主义理论以及党的纲领、路线、方针、政策法规等以外，还应有对身心人格健康有益的知识、道德文化和科学精神、人文精神、行为规范、民主和法制意识等[①]，让学生从被动接受变为主动。“实践证明，人们所处的社会时代、现实的直接的实践活动以及密切相关的实际利益，才是人们最关心的，也才是最能吸引人们的注意力的。”[②]高校思想政治教育的内容结构优化需要把马克思主义理论原理教育和解决大学生生活、学习、职业问题结合起来，把思想政治教育同大学生的专业学习、职场就业和生涯发展结合起来，让思想政治教育能够在帮助和解决大学生实际问题中“随风潜入夜，润物细无声”，实现全员全程全方位育人的效果。

---

① 季海菊. 大数据时代高校思想政治教育的内容结构优化[J]. 学海，2017(6).

② 季海菊. 新媒体时代高校思想政治教育研究[D]. 南京：南京师范大学，2013.

三、融媒时代高校思政内容结构优化设计

（一）保障政治教育的主导地位

政治教育是思想政治教育的根本属性，是思想政治教育的重要组成部分，受党的政治路线制约，为党的纲领、路线服务，具有明确的政治价值取向。① 政治教育主要是对学生进行政治理想信念和政治方向立场等方面的教育，解决的是在国家、社会制度等重大政治问题上的站位问题，“培养什么人、怎样培养人、为谁培养人是教育的根本问题”②。建设中国特色社会主义高校，必须坚持以马克思主义为指导，全面贯彻党的教育方针，坚持不懈地传播马克思主义科学理论，抓好马克思主义理论教育，为学生成长奠定科学的思想基础。③ 政治教育在高校思想政治教育中居于主导地位，决定着思想政治教育的方向和性质，深刻影响和制约着思想政治教育的其他内容。

政治思想引领贯穿思想政治教育的始终，对思想政治教育过程和其他内容发挥指导和支配作用，指引着思想政治教育沿着正确的方向发展。融媒时代，高校思想政治教育要积极拓宽教育视野，连续而深入地研究社会发展的新问题，吸收最新的理论研究成果，并加以学习、研究和运用。习近平新时代中国特色社会主义思想，是马克思主义中国化的最新成果，其内容包括中国特色社会主义道路、理论、制度和文化等。中国特色社会主义发展道路，是在中国共产党领导下，实行经济建设改革开放伟大革命实践开辟的一条中国式的现代化道路。中国特色社会主义理论体系，是中国共产党把马克思主义与中国实际相结合实现马克思主义中国化的最新理论成果，是科

---

① 季海菊. 新媒体时代高校思想政治教育研究［D］. 南京：南京师范大学，2013.

② 郑海霞. 新时代背景下提升研究生思政教育亲和力和针对性途径思考［J］. 才智，2021(5).

③ 徐建飞. 育人体系视阈下高校思政课教学质量提升研究［J］. 北京教育(高教)，2021(3).

学社会主义的基本原则与中国实际相结合的产物,具有鲜明的时代特征和中国特色,包括邓小平理论、"三个代表"重要思想、科学发展观和习近平新时代中国特色社会主义思想。

融媒时代,面对多元文化,尤其要坚持社会主义制度自信,以马列主义为指导思想,防止"主流意识形态"的多元化影响,增强坚持中国特色社会主义的"三重自觉"。在保持思政课必修课程设置相对稳定的基础上,结合学校特点构建形成必修课、选修课的课程体系。如博士阶段的"中国马克思主义与当代"、硕士阶段的"中国特色社会主义理论与实践研究"、本科阶段的"马克思主义基本原理概论""毛泽东思想和中国特色社会主义理论体系概论""中国近现代史纲要"、专科阶段的"毛泽东思想和中国特色社会主义理论体系概论""思想道德与法治"等必修课。高校应重点围绕习近平新时代中国特色社会主义思想、党史、改革开放史、社会发展等设定课程模块,开设系列选择性必修课程。这些关于政治思想引领的教育内容,是这门课程的根本。坚持不懈用新时代中国特色社会主义思想铸魂育人,引导学生了解世情、国情、党情、民情,增强对马克思主义基本理论的思想认同、对中国共产党的政治认同、对中国人民的情感认同,坚定中国特色社会主义道路自信、理论自信、制度自信、文化自信,必须要将中国特色社会主义理论的认识传递给青年一代,因此,必须保证政治思想引领在高校思想政治内容的结构优化中处于绝对的主导性、支配性地位。

(二)增加道德教育内容的权重

思想道德教育是思想政治教育的关键内容。融媒时代,网络对学生的影响更加深远,网络的自由性使得学生在网络中的言行趋于一种隐秘的无拘无束的状态。学生在面对疯狂传播的网络谣言、网络诈骗等层出不穷的问题时,道德自律的作用就显得更加突出。因此,高校思想政治教育应比过去增加更多道德教育方面的内容,以帮助学生形成道德观念,能够判断是非善恶、取舍言语行为，用道德来指导和约束自身的思想言语和行为，提高自身道德自律能力，最终形成良好而稳定的高尚品行。

培育和践行社会主义核心价值观对于巩固马克思主义在意识形态领域的指导地位非常重要。一个人、一个民族能不能把握好自己，很大程度上取决于这个社会的核心价值观引领。融媒时代的高校思想政治教育，必须从青年大学生思想实际状况出发，以社会主义核心价值观为引领，树立科学的世界观、人生观、价值观和道德观。

党的十八大提出24字的社会主义核心价值观，倡导富强、民主、文明、和谐，倡导自由、平等、公正、法治，倡导爱国、敬业、诚信、友善，积极培育和践行社会主义核心价值观。“富强、民主、文明、和谐”是我国社会主义现代化国家的建设目标，回答了我们要建设什么样的国家这一重大问题，从国家层面标注了社会主义核心价值观的时代刻度。“自由、平等、公正、法治”反映了人们对美好社会的期望和憧憬，是衡量现代社会是否高度发展、充满活力、和谐有序的重要标志。“爱国、敬业、诚信、友善”回答了我们要培育什么样的公民的重大问题，涵盖了社会公德、职业道德、家庭美德、个人品德等各个方面，是每个公民都应当遵守的道德规范。

融媒时代高校思想政治教育要以社会主义核心价值观为引领，解放思想，脚踏实地，践行社会主义核心价值观中的道德规范，以期养成美好而稳定的道德品行。

（三）扎实文化素质教育的根基

融媒时代，信息快餐的全方位供给，使传统的人际道德关系、传统文化生存发展在不同程度上都受到了挑战，冲击着文化素质教育的根基。[①] 马克思指出：“人们自己创造自己的历史，但是他们并不是随心所欲地创造，并不

① 季海菊.新媒体时代高校思想政治教育研究[D].南京：南京师范大学，2013.

是在他们自己选定的条件下创造，而是在直接碰到的、既定的、从过去继承下来的条件下创造。”[①]融媒时代高校思想政治教育的内容结构，须大力继承和弘扬传统文化中的优良传统，有取舍地借鉴世界文化教育的优秀成果，赋予其时代精神，探索其时代价值。

1. 传承和弘扬中华优秀传统文化，赋予其时代价值

党的十八大以来，习近平总书记多次强调要传承和弘扬中华优秀传统文化，他指出：“优秀传统文化可以说是中华民族永远不能离别的精神家园。”中华文化博大精深、源远流长，最核心的就是它的一套思想理念和民族精神，主要包括：①天人合一。强调“天地与我并生，万物与我为一”的境界，也指天人相合相应，注重人与自然和谐合一，人道和天道一致。②以人为本。主张“民为邦本，本固邦宁”和“民为贵，君为轻”，肯定人是宇宙的中心，把人类的生存作为根本。③崇德尚义。中国传统文化重视个人的品格德性，重视德性的养成与人格的提升，高度推崇有高尚精神追求的人。[②] 孔子说：“为仁由己，而由乎人哉？”要做到仁，需要个体自觉的思想道德修养。在中国传统文化中，除了这些关键的核心理念，几千年来，中华文明形成了自己的价值偏好，即义务先于自由、责任先于权利、群体高于个人、和谐高于冲突。中华传统美德是中华文化的精髓，如仁义礼智信“五常”、孝悌忠信礼义廉耻“八德”等，是中华民族在漫长发展历程中生生不息的主要支撑，必须努力传承和弘扬。中华文化中包含着许多为人类所共同遵循的普遍性的生存智慧，对当代人类面临的冲突解决提供了有益的启示。[③] 孔子在2500年前提出的“己所不欲，勿施于人”态度与“和而不同”的精神，有利于处理人

① 季海菊. 新媒体时代高校思想政治教育研究[D]. 南京：南京师范大学，2013.

② 陈来. 大力弘扬中华优秀传统文化[J]. 人民论坛，2018(9).

③ 井琪，崔宪涛. 传承和弘扬中华优秀传统文化——学习习近平总书记系列重要讲话体会之九十[J]. 前线，2015(7).

与人之间的矛盾冲突，有利于处理不同文明之间的关系，也深刻体现了中华文明处理人类难题的智慧，值得深入发掘和阐发。[①]其中包含了许多正确反映人与人、人与社会、人与自然和谐生存发展规律的真理性认识，思考和表达了人类生存与发展的根本问题，成为人类共有的精神财富。[②]

传承和弘扬中华优秀传统文化，习近平总书记把它提升到中国发展特色和发展道路的高度，提升到增强文化自信和道路自信的层面。他指出："要讲清楚每个国家和民族的历史传统、文化积淀、基本国情不同，其发展道路必然有着自己的特色……讲清楚中国特色社会主义植根于中华文化沃土……独特的文化传统，独特的历史命运，独特的基本国情，注定了我们必然要走适合自己特点的发展道路。""要讲清楚中华优秀传统文化的历史渊源、发展脉络、基本走向，讲清楚中华文化的独特创造、价值理念、鲜明特色，增强文化自信和价值观自信。"[③]对我们传承下来的历史文化和道德规范，要有鉴别地加以对待，有扬弃地进行继承。"有鉴别"不是全盘肯定或全盘否定，"有扬弃"是通过分析鉴别积极地吸收继承其中的优秀内容。[④] 一定的文化形成于特定的社会环境，就像一棵大树的根和枝叶，树叶每年都会更换，但是树根却深深扎进大地。因此，我们不仅要尊重传统，更要有选择地吸纳其营养成分，加以时代的要素进行创新融合，更好地为当下服务。

2. 借鉴国外先进教育成果，优化教育内容结构

国外教育虽然没有明确地提出"思想政治教育"的说法，但在通过"权利义务教育""法制教育""道德教育""环境教育""国防教育""爱国教育""国

① 陈来. 大力弘扬中华优秀传统文化[J]. 人民论坛，2018(9).
② 井琪，崔宪涛. 传承和弘扬中华优秀传统文化——学习习近平总书记系列重要讲话体会之九十[J]. 前线，2015(7).
③ 井琪，崔宪涛. 传承和弘扬中华优秀传统文化——学习习近平总书记系列重要讲话体会之九十[J]. 前线，2015(7).
④ 井琪，崔宪涛. 传承和弘扬中华优秀传统文化——学习习近平总书记系列重要讲话体会之九十[J]. 前线，2015(7).

民精神教育”“公民教育”“价值观教育”“历史教育”等形式来进行,其中最为广泛的形式是“公民教育”。17、18世纪,欧洲资产阶级登上历史舞台,使得一种名叫“公民教育”的思想理念开始普及和发展,教育不再作为特权阶层的身份象征。洛克、卢梭等人强调人与人平等,所有人都是公民。在全世界范围内,美国是比较早的推进公民教育的国家之一。在他们的共和国建立之始,国家的缔造者即宣称要培养公民,就是因为他们坚信国家的生存发展有赖于有着良好教育背景的公民。后来,西方各国对于公民教育的认识不断深化,例如凯兴斯泰纳及杜威,其中凯兴斯泰纳认为公民有三种美德,即“合法”“公正”和“劳作”,公民教育就是围绕这几种美德培养来进行的。杜威则认为“实现民主理想就要培养公民,完善民主需要有能力的公民。第二次世界大战后,世界范围内发生的种族冲突、政治事件和发达国家对于劳工的需求,引发移民、难民潮”,因而个体在身份认定上也产生了矛盾与冲突,众多学术流派也有着自己的公民观,如共和主义、自由主义、社群主义。近年来,由于世界范围内人们频繁进行跨国迁移、人员流动,在全球化时代,世界文化的多样性使得人们开始重新审视公民的身份认同,以多样、多元文化融合为主题的公民教育成为西方很多国家教育的重要内容。例如俄罗斯的族际教育、加拿大的全球教育和国际教育、美国的全球教育与多元文化教育,以及日本自20世纪80年代以来开始进行的国际理解教育等。许多国家不约而同地将培养具有全球化视野的公民作为教育的重要目标,强调培养全球化时代所需知识、态度及能力,如个体的宽容和开放、尊重价值差异、适应不同文化之能力与对人类共同命运的关注。

融媒时代,各个国家的思想政治教育仍然具有很强的民族性,但随着融媒的飞速发展,全球人们早就“你中有我,我中有你”,进入一种相互影响的状态。当前,要提高青年大学生对中华民族传统文化的吸引力和认可度,必须赋予民族传统文化以时代精神和旺盛活力,实现民族传统文化的现代性发展,这就离不开对本土文化和国外文化的融合思考。理直气壮地讲好中国故事,就包括讲好中国的文化思想、先进人物、创世经典,让世界真正了解、真心喜欢。同时,全世界一些重要的思想道德原则和理念反映着人类共同的发展要求,反映着共同的审美意识、共同的道德意识情操等共同的价值追求,我们都应该站在构建人类命运共同体的思想基础上,不断学习借鉴,不断大力弘扬,这不仅是融媒特点的需要,也是高校思想政治教育内容结构优化的需要。

(四)体现现代媒体素养教育的时代要求

20 世纪最重要的媒介思想家之一马歇尔 · 麦克卢汉在其代表作《理解媒介》中提出了一系列著名的论断:首先,“媒介即是讯息”。过去,人们更多地把媒介视为“一种运载物质或信息的工具,媒介本身并不重要,它并不能决定或改变它所运载的东西”①。但他看到了媒介的巨大作用,特别是在信息时代,“媒介引起了人间事物的尺度变化和模式变化。媒介改变、塑造、控制了人的组合方式和形态”②。其次,“媒介是人的延伸”。这是他的理论中理解媒介的根本出发点,他认为媒介不是冰冷的存在,而是人的身体和精神的延伸。媒介不仅改变了人存在的方式,也重建了人们的感觉方式以及大家对待世界的态度。③ 他指出,来自世界各地的信息流,真正地重组了人们的精神生活与情感生活。“他还提出媒介文化已经把传播和文化凝聚成一个动力学的过程,将每一个人都裹挟其中。”④

现代社会,集合了多种多样媒介手段的信息传播——融媒,以其强大的社交吸引力影响着人们的生存方式,对现代文化的塑造和人们价值观念的形成起到了巨大的作用。今天,加强对当代大学生的现代媒体素养教育,既

---

① 林小烽. 日本新媒体动漫的发展状况及其特点[J]. 长沙理工大学学报(社会科学版),2012(2).
② 王潇雨. 党报在新媒体时代前行——以《南方日报》为例[J]. 新闻传播,2012(12).
③ 王潇雨. 党报在新媒体时代前行——以《南方日报》为例[J]. 新闻传播,2012(12).
④ 季海菊. 新媒体时代高校思想政治教育研究[D]. 南京:南京师范大学,2013.

是一种思维方法教育，也是知识和技能教育。当前，高校思想政治教育内容结构优化突出媒体素养教育，是融媒时代大学生的客观生活、生存和生命发展现状与需要提出的要求。现当代的大学生需要掌握融媒技术的一般知识和应用技能，充分发挥融媒在思想政治教育内容结构优化中的引领作用。现代媒体素养可表述为："公众应具备的基本素质、学者的研究素养以及专业人员的分析技能，它由数据检索、分析、整理、使用等技能组成，是多种有关数据的能力的统一体。"①同时，在高校思想政治教育内容结构优化中，要积极实施现代媒介素养教育，引导青年大学生恪守互联网使用规则，树立符合虚拟世界的道德规范要求，学会正确地选择平台，合理地筛选信息，科学地判断信息来源，全面地评价信息质量，合法地转发和传播，并且能够在互联网上不传谣、不造谣，做一个网络的守法合格公民。作为大学生，更应该主动承担起维护互联网风清气正的环境的责任，坚持传播正能量、弘扬主旋律，同网络上各种违法的、不道德的信息和行为做斗争，成为一股维护互联网基础上融媒体健康发展的主体力量。

从技术层面来说，掌握这些基本的道德规范和信息素养，关系到融媒时代思想政治教育工作的实效，也关系到思想政治教育内容结构的主题优化。融媒时代，高校思想政治教育必须牢牢围绕以提升信息化素养、提高互联网生存生活基本技能和道德准则为核心内容，这就赋予了高校思想政治教育新的教育主题和教学内容，那就是引导和帮助大学生更好地利用互联网，在信息社会中得到更好的成长和发展。

青年大学生求知欲强，喜欢接受新鲜事物，有的还追求标新立异，但他们的知识结构还不完善，社会阅历还不够，分辨信息真伪的能力还不足，无法有效地辨明网上的信息准确度；有的大学生心智发育不成熟，甚至"很傻很天真"，相信某个网络博主、网络大 V，喜欢跟风随大流，看不明视频、炒作

① 高淑莲.大数据背景下国外数据素养教育及启示[J].图书馆研究，2015(6).

新闻、域外来风等，容易被敌对势力、不法分子和别有用心的人利用信息所影响或操控，常常会受到各种各样负面信息的误导。面对这些问题，思想政治教育工作者应当主动出击，完善和优化思想政治教育内容，化解学生在新媒体时代面临的成长困境，“指导他们正确理解传媒及其信息，建设性地享用媒体传播资源，培养健康的媒介解读和批判能力，使其能够在多元的媒体环境中，充分合理利用媒体资源完善自我、参与社会发展”①。

第三节　舆论引导力之范式创新

融媒时代的到来，使高校舆论引导传播方式转变成为可能。融媒语境下成长起来的当代大学生群体，在媒体接触习惯和接受心理方面均发生了巨大的变化，给高校舆论引导力提升带来了前所未有的机遇和挑战。高校需要打造一批具有强大影响力、竞争力的新型主流媒体产品以适应新时代大学生的需求。

首先，增强载体供给的对象意识。高校以闭路电视、广播台、校报、展架、橱窗、报栏等传统媒体为核心的宣传阵地，是我国特有的一种行之有效的信息传播和文化传播载体，曾发挥重要的校园舆论引导作用。但在融媒时代，它们却呈现出理念滞后、传播方式单一、平面化且变速慢、吸引力观赏性欠缺等弊端，其校园舆论引导作用正在逐步减弱。当前，打造属于高校自己的校园数字化融媒平台，提高大学生对社会主义核心价值观及其舆论的关注度、信任度成为重要的课题。建设校园数字化融媒平台，不只是电子产品的升级换代，更是对大学生群体的“市场调研”和思维跟进，从大学生所思、所想、所为出发，了解掌握大数据分析支持下的大学生阅读习惯和内容

---

① 季海菊．新媒体时代高校思想政治教育研究［D］．南京：南京师范大学，2013．

喜好、内容创作和形式呈现、分类推送和参与行为、热点和难点、兴趣点和敏感点，以此构筑从大学生体验感出发的现代化、数字化、技术化产品。

其次，提供沉浸式、互动式、场景式、服务式产品。校园数字化融媒“中央厨房”建设，是校园媒体融合发展的方向，需要推动从内容、形式到方法、手段的创新。沿着一体化发展方向，通过流程优化、平台再造，实现各种媒介资源、生产要素有效整合，实现信息内容、技术应用、平台终端、管理手段共融互通，催化融合质变，放大一体效能，形成随时随地、随处可见的融媒产品。以服务为宗旨的校园融媒建设，是一种创新与突破，一改以往贫瘠的表达方式，按照学生期望提供更合适、更科学的学习平台，凸显高校思政教育的优势。以照片、视频等形式为突破，实现线上线下结合、课内课外融合的新方式；以海量信息有选择优质推送等内容突破，并辅以体验方式和互动方式，在增强教育的趣味性和新鲜感的同时，传递主流价值；以鼓励受教育者主动发声的传播技巧优化，利用学生喜爱的融合教学方式，强化受教育者的主体地位，增强学习生活的“黏性”作用；以传播时空的优化，弱化单向灌输的劣势，形成课上、课下一体化学习时空，也“留白”独立思考空间。作为全体学生思政教育的阵地，校园数字化融媒平台的教育功能与课堂教学保持一致，成为课堂教学的延伸和拓展。

最后，培养掌握现代技术的能工巧匠。校园数字化融媒平台建设的目的之一，是进一步方便学生进行多维度的知识学习。借助集成化的校园数字化融媒平台，可实现课堂教学、社会实践、文化宣传及成果评价的有机结合。建设校园数字化融媒平台，需要一支保持技术敏感度的师生队伍。平台建设要着力塑造自身的多元媒体气质，注重媒体间的融合与互补。校园媒体形式各异，要力求通过优势互补，创造共同繁荣的局面，包括传统及新媒体手段，综合校园报刊形式多样、内容丰富、信息量大、便于阅读与保存的优势，校园网络宣传快捷的优势，校园广播短、平、快、覆盖性好的优势，户外橱窗直观便捷的优势，校园公众号最前沿自媒体平台的优势。同时，平台作为校园思政教育的主阵地，肩负着文化宣传、思政课堂创新及新闻传播媒介的责任，基于先进、灵活、开放的云计算基础架构将各类基础数据存储于云端，并有效整合和管理各类媒体，形成权限分配、信息发布、内容审核、实时传播等标准统一的融媒体平台。因此，需要一支政治素质高、熟悉校园文化宣传手段、对大众传播革新怀有浓厚兴趣并善于学习先进技术的师生队伍，整合各自所长，优势互补、协作共享，才能制作出学生喜闻乐见的融媒产品。

第五章　高校推动思政教育载体升级

第一节　环境育人——融媒时代的大思政观

马克思曾经指出:“人创造环境,同样,环境也创造人。”前者说的是人的主观能动性,后者强调的则是客观世界对人的影响。“人生活在这个世界不可能是一座孤岛。”人与环境向来是相互联系、相互依存的关系。环境的构建反映了教育者的教育理念和育人构想。思想政治教育本身就是一种“塑造”,寓育人之道于教育环境建设之中,与受教育者进行思想和灵魂的对话、情感的交流,通过系列的教育活动启迪受教育者的心智,塑造人们的心灵,实现环境育人的功能。

媒体功能的全覆盖,媒体格局的新变化,新媒体载体与传统思政教育载体互相竞争,对新时期思政教育载体要求更高,迫切需要优化环境育人的策略。思政教育载体是在实施思想政治教育的过程中,能够承载和传递思想政治教育的内容或信息,能为思想政治教育的主体所运用,促使思想政治教育主客体之间相互作用的一种活动形式和物质实体。[①] 推进各种载体之间的多元互动、资源共享和信息交流,凝聚成强大的“载体合力”,构建“大思政”网络思想政治教育实施体系。“大思政”网络思想政治教育实施体系无法离开新媒体的“载体合力”,理应重新审视和建构适应时代的新媒体观,用正确的新媒体观引导学生,推动全员育人、全程育人、全方位育人的“大思政”成为可能。

一、坚持用正确的新媒体观引导大学生

新媒体发展是时代的产物,更是历史发展的必然。人们不能左右其进程,却可以寻求思维方式的改变。每一种新技术的推广、普及和运用都会给社会带来新的思维方式和行为方式。新媒体带来的媒介生态的巨大变革,已经并将极大地改变人类的表达、传播、分享、对话、交往等方式。李秀林教授指出,“人们的思维方式是同一定的历史时代、实践发展水平和科学文化背景联系在一起的,是社会发展各种思想文化要素的综合反映和综合体”[②]。不改变思维,不开阔眼界,不解放思想,就会被这个历史时代所淘汰。大学生作为新媒体的重要受众群体之一、身处时代前沿的弄潮儿,如何才能更好地栖息和生存?关键就在于如何形成正确的新媒体思维方式,用正确的新媒体观指导实践和行动,将新媒体为我所用,创新表达、担当作为,用新知识、新技能占领融媒时代的新高地。

融媒时代的到来,尤其是新媒体的迅猛发展,冲击着高校思想政治教育的育人环境,使其越来越由简单变得复杂,由单一走向多元,由封闭走向开放,在迎接时代机遇的同时,也面临着严峻的挑战。

---

① 吴俊蓉. 从中国梦主题教育活动看思想政治教育创新[J]. 河北联合大学学报(社会科学版),2013(6).

② 庞培. 浅谈网络新媒体对人们思维方式的影响[J]. 新闻研究导刊,2017(17).

(一)新媒体载体对环境育人的冲击

1. 全媒覆盖改变了融媒时代的新格局

融媒时代改变了以往人类靠物质能量拓展活动半径的模式,突破了地缘、政治、文化之间有形和无形的疆界①,为人类社会提供了足不出户沟通世界的桥梁和纽带,构成了人们学习、生活、工作的新空间,获取信息的新平台,缩短了个人与社会、个人与世界之间的距离,推动了全球数据流动和信息资源共享。全程媒体、全息媒体、全员媒体、全效媒体开创了融媒时代发展的新局面。“四全媒体”正突破时空维度,媒体的跨界融合成为趋势,“人人都有麦克风”这个事实已经变得不再陌生。

2. 异质文化削弱了核心价值的主导权

新媒体正以强大的渗透力重塑大学生的思想观念,深刻影响着他们的行为方式。一方面,传统的社交方式逐渐被虚拟空间的人际交往所占据,分离、淡化与现实世界及真实人际关系的情感;另一方面,过度依赖虚拟空间的人际交往,可能导致现实人际交往能力退化②、扭曲甚至断裂。新媒体的及时性、互动性、共享性、开放性,使高校处于异质文化交织的高频运转状态,海量信息的传递、多元主义的碰撞、异质文化的侵蚀,丰富着教育内容的同时,也削弱了教育者的主导权,校园文化核心价值不断遭受冲击,从“核心”的把握到“价值”的整合,整体难度不断增加。

3. 载体竞争加快了环境育人的新步伐

新媒体成为环境育人的重要载体,挑战丰富多样的育人生态环境。新

---

① 蒋朝莉,姜莹莹. 新时代大学生媒介素质提升的路径探索——以习近平新媒体观为视角[J]. 绵阳师范学院学报,2019(1).

② 张怡微. 新媒体时代下高校校园文化建设的机遇、挑战与对策[J]. 新闻研究导刊,2020(8).

情况新特点越来越多,迫使思政教育载体系统推陈出新,要求更加丰富、主体多元、时间长远、空间广阔。新媒体载体与传统思政教育载体互相竞争,对新时期思政教育载体要求更高,迫切需要优化环境育人的策略,紧紧抓住意识形态工作的本质内涵,把握思想政治教育的主导权。大学生是接触新媒体最大的群体,作为对新媒体最为追捧的人群之一,大学生受新媒体影响相当巨大。如何正确地对其进行引导和规范,提高大学生对媒介信息的甄别识别能力、思辨质疑能力、深度解读能力和独立思考能力,树立正确的世界观、人生观和价值观,形成健康的新媒体观,就显得尤为重要。

(二)新媒体环境下的思维方式

新媒体新技术的快速发展要求新时代高校思想政治教育工作要有新思维、新途径、新方法。正确地认识新媒体,认识人在新媒体发展过程中的作用,在实践基础上不断丰富和发展新媒体观,有必要重新审视和理解新媒体,与时俱进,深刻认识思考维度和出发点。要以新媒体思维,重新审视高校思想政治教育工作的新环境,以全球思维、信息思维、融合思维和人本思维,推动新时代高校思政教育环境育人载体的新变革。

1. 全球思维

全球思维是面向全世界的站位和视野。新媒体打破了传统媒体的话语权威和垄断,每个人都可以是信息的发布者和接收者,突破了时间、空间和地域的限制,可以与全球任何人在任何地方交流①,影响着人们的文化意识、社会主张和行为规范。因此,我们不仅要讲好中国故事,也要讲好世界故事,促进不同文明间的对话与互鉴。与此同时,作为意识形态的主要组成部分,西方国家极力想要霸占和控制媒介传播的主导力,企图赢得意识形态斗

---

①　张怡微.新媒体时代下高校校园文化建设的机遇、挑战与对策[J].新闻研究导刊,2020(8).

争的主动权,这意味着意识形态领域的斗争将在媒介领域长期存在。牢牢把握意识形态话语的主导权,占领核心价值的高地,势在必行。

2. 信息思维

"在意识对信息的消化作用大于意识对信息的抑制作用的条件下,思维的过程状态完全取决于可触信息的信息量和起作用的方向。"[①]可触信息量越大,思维的活跃程度越强,方向相反的信息还可以对思维过程起遏制与中止作用。因此,拥有海量可触信息的新兴媒体,比传统媒体具有更大的吸引力,覆盖范围更广、发散路径更多、传播能力更高效。人们不仅是信息的生产者与传播者,还随时进行信息之间的选择与博弈。如何选择、选择和占有什么样的载体和信息,对于思维的养成就显得十分重要。

3. 融合思维

融合思维是紧扣数字化媒介特征谋划融合发展的理念,时刻拥抱和占有最新的、最即时的、最具影响力的传播渠道和方式,可以增强内容的互动性、体验性和分享性,以更多样更丰富的形式触及更多人,达到理想的传播实效。随着数字传媒技术的快速迭代和各种媒介平台的不断涌现,人们可以利用多种方式自由方便地阅读、检索或浏览网络海量数字信息:一是文字、图像、视频、声音信息等,传播形式多样化;二是手机、计算机、数字电视等,通信终端多样化;三是互联网、光纤通信网络等,传播渠道多样化。[②] 把握及融合数字新技术对优质融媒内容的传播起着关键作用。

4. 人本思维

新媒体新平台发展能够催生更多的教育资源,能够通过推荐算法更好

① 方非. 我国思维科学发展状况简介[J]. 文艺研究,1989(6).

② 张怡微. 新媒体时代下高校校园文化建设的机遇、挑战与对策[J]. 新闻研究导刊,2020(8).

地做到个性化内容的推送，让学习资源更加精准、学习效率更高。但是，一味的个性化服务、相对精准的内容推送、过于“美好”的沉浸体验，有可能使得用户的知识结构窄化和思维方式固化，容易让学生在某个领域过于投入，忽略除个性学习之外的通识学习、常识学习、生活学习。因此，新媒体工作必须服务于人的自由而全面的发展，实现一个个自然的、有活力的、有着无限发展可能的生命。新媒体工作要从人出发，以人为本，最终也要回归到人，这既是技术的方向，也是教育的根本。

当代大学生受新媒体影响深重，作为新媒体使用的主体，大学生已经把新媒体作为一种生活方式，用于资讯浏览、人际交往、学习娱乐的一种新工具。如何用全球思维、信息思维、融合思维和人本思维武装头脑，正确地对其进行培养和引导，提高大学生对媒介信息的甄别识别能力、思辨质疑能力、深度解读能力和独立思考能力，树立正确的人生观和价值观，形成健康的媒体观，就显得尤为重要。

（三）以习近平新媒体观为指导

党的十八大以来，以习近平同志为核心的党中央对新媒体工作高度重视，先后作出一系列重要论述，反复强调“新媒体思想舆论工作的正道，在于化解负效应，激发正能量，成为治国理政、凝聚共识的助手”，“加快媒体融合发展，占领信息传播制高点”。[①] 习近平新媒体观体现出鲜明的时代特色，强调新媒体在治国理政中的重要作用，把媒体融合发展提升为国家战略；强调传统媒体和新兴媒体的融合发展、理念与体制机制的变革，强调网络强国战略的构建与国际话语权的掌控等。

新媒体观是对新媒体的战略定位、理论架构、价值取向、实践路径等方

① 蒋朝莉，姜莹莹. 新时代大学生媒介素质提升的路径探索——以习近平新媒体观为视角[J]. 绵阳师范学院学报，2019(1).

面的全新认知。习近平新媒体观是马克思主义新闻观与新时代我国思想文化实践相结合的产物，为新媒体环境下意识形态工作和全媒体融合发展指明了方向。我们要深刻把握习近平新媒体观的理论性、实践性、科学性和整体性，精准把握其内涵、理论体系和特点。[①]

1. 始终坚持正确的舆论导向

2014 年 2 月 27 日，习近平总书记在中央网络安全和信息化领导小组第一次会议上指出："运用网络传播规律，弘扬主旋律，激发正能量，大力培育和践行社会主义核心价值观。"2016 年 2 月 19 日，习近平总书记在党的新闻舆论工作座谈会上发表重要讲话，再次强调"新闻舆论工作各个方面、各个环节都要坚持正确舆论导向。各级党报党刊、电台电视台要讲导向，都市类报刊、新媒体也要讲导向；新闻报道要讲导向，副刊、专题节目、广告宣传也要讲导向；时政新闻要讲导向，娱乐类、社会类新闻也要讲导向；国内新闻报道要讲导向，国际新闻报道也要讲导向"[②]。习近平总书记特别强调加强党的领导对媒体工作的重要性，强调"加强和改善党对新闻舆论工作的领导，是新闻舆论工作顺利健康发展的根本保证。各级党委要自觉承担起政治责任和领导责任。领导干部要增强同媒体打交道的能力，善于运用媒体宣讲政策主张、了解社情民意、发现矛盾问题、引导社会情绪、动员人民群众、推动实际工作"[③]。这要求高校党委高度重视融媒体建设的重要作用，把高校融媒工作作为高校思想政治教育工作的重中之重。

---

① 张平. 习近平新媒体观论析[J]. 深圳社会科学，2020(4).

② 习近平：坚持正确方向创新方法手段 提高新闻舆论传播力引导力[EB/OL]. (2016-02-19)[2022-03-20]. http://www.xinhuanet.com//politics/2016-02/19/c_1118102868.html.

③ 习近平：坚持正确方向创新方法手段 提高新闻舆论传播力引导力[EB/OL]. (2016-02-19)[2022-03-20]. http://www.xinhuanet.com//politics/2016-02/19/c_1118102868.html.

2. 牢牢掌握舆论阵地主动权

2013年8月19日，习近平总书记在全国宣传思想工作会议上发表重要讲话，“很多人特别是年轻人基本不看主流媒体，大部分信息都从网上获取。必须正视这个事实，加大力量投入，尽快掌握这个舆论战场上的主动权，不能被边缘化了”①。新媒体作为意识形态领域斗争的一个新手段，是意识形态领域斗争的一把“双刃剑”，既可以传播正确的思想，也可以传播各种错误的思潮。面对新媒体带来的媒体格局和舆论生态的深刻变化，针对主流媒体存在的问题，习近平总书记指出，坚持党管媒体原则，管好用好互联网，提高国家文化软实力，向世界讲好中国故事，传播好中国声音。紧紧抓住年轻人的传播习惯，激发年轻人的兴趣，形成媒体与年轻人互动的局面，在互动中传播主流价值观，传播党的政策和方针。创新媒体的传播方式，利用先进技术作为网络内容的支撑和引领，不断巩固宣传思想文化的主阵地，才能成功地抢占舆论信息制高点，为新媒体建设注入强劲动力。

3. 传统媒体与新兴媒体深度融合

网络的本质在于互联，信息的价值体现在互通。2013年全国宣传思想工作会议上习近平总书记指出：“要积极探索有利于破解工作难题的新举措新办法，特别是要适应社会信息化持续推进的新情况，加快传统媒体和新兴媒体融合发展，充分运用新技术新应用创新媒体传播方式，占领信息传播制高点。”②2014年8月18日，习近平总书记在中央全面深化改革领导小组第四次会议上指出：“推动传统媒体和新兴媒体融合发展，要遵循新闻传播规

---

① 总书记新闻舆论金句——适应舆论生态新变化[EB/OL].(2019-10-15)[2022-03-20]. http://yuqing.people.com.cn/n1/2019/1015/c430404-31401760.html.

② 习近平谈媒体融合发展：关键在融为一体、合而为一[EB/OL].(2018-08-22)[2022-03-20]. http://media.people.com.cn/n1/2018/0822/c40606-30244361.html.

律和新兴媒体发展规律，强化互联网思维，坚持传统媒体和新兴媒体优势互补、一体发展，坚持先进技术为支撑、内容建设为根本，推动传统媒体和新兴媒体在内容、渠道、平台、经营、管理等方面的深度融合。"[①]习近平总书记还特别强调党的领导对于思想舆论工作的重要性，"加强和改善党对新闻舆论工作的领导，是新闻舆论工作顺利健康发展的根本保证。各级党委要自觉承担起政治责任和领导责任。领导干部要增强同媒体打交道的能力，善于运用媒体宣讲政策主张、了解社情民意、发现矛盾问题、引导社会情绪、动员人民群众、推动实际工作"[②]。这就要求高校党委要高度认识新媒体工作在高校思想政治教育工作中的重要地位和作用，把融媒时代高校思想政治教育工作作为立德树人、教书育人工作的重中之重。

4. 积极营造风清气正的网络空间

新媒体的诞生突破了传统媒体传播的时空壁垒，它的传播时效性更强，空间度更广，活跃度更高。[③] 与此同时，也滋生了故意歪曲事实、捏造谣言、散布虚假信息等违反事实、常识、真理的现象，给新闻传播的健康秩序带来了挑战，一定程度上干扰了新闻的公信力。2014 年 2 月 27 日，习近平总书记主持召开中央网络安全和信息化领导小组第一次会议并发表重要讲话，他指出："做好网上舆论工作是一项长期任务，要创新改进网上宣传，运用网络传播规律，弘扬主旋律，激发正能量，大力培育和践行社会主义核心价值观，把握好网上舆论引导的时、度、效，使网络空间清朗起来。"[④]

---

① 习近平强调推动传统媒体和新兴媒体深度融合[EB/OL].(2014-08-18)[2022-03-20]. http://m.haiwainet.cn/middle/3541083/2017/0418/content_30866780_1.html.

② 习近平：坚持正确方向创新方法手段 提高新闻舆论传播力引导力[EB/OL].(2016-02-19)[2022-03-20]. http://www.xinhuanet.com//politics/2016-02/19/c_1118102868.html.

③ 蒋朝莉，姜莹莹. 新时代大学生媒介素质提升的路径探索——以习近平新媒体观为视角[J]. 绵阳师范学院学报，2019(1).

④ 习近平：创新改进网上宣传 把握网上舆论引导的时度效[EB/OL].(2014-02-28)[2022-03-20]. http://www.cac.gov.cn/2014-02/28/c_126205895.html.

习近平新媒体观是马克思主义新闻观的继承和弘扬，对我们今天高校思想政治教育工作起到了非常重要的方向引领、原则规范、策略指导作用。用习近平新媒体观引导大学生统一思想、凝聚共识、汇聚力量，有助于帮助他们掌握正确的观点、方法，建立正确甄别信息价值的知识结构体系，树立正确的媒介价值观、马克思主义新闻观，提升新时期新媒体素养。

媒介素养是一种能力，是人们对各种媒介信息的解读和批判能力，以及使媒介信息为个人生活、社会发展所用的能力。新媒体素养是人们认识、把握、利用新媒体新技术的基本能力和素养。当代大学生处于媒介融合的大环境中，如何提高自身的素养和利用新媒体的能力，无疑显得非常重要。提升大学生的新媒体素养，以习近平新媒体观为指导，增强使用新媒体的能力，要注意以下几点：

首先，提高大学生对媒介信息的解读能力。媒介信息尤其是新媒体信息，深刻改变着人们的生存方式、交往方式乃至思维方式。不同意识形态的媒介信息以不同的方式改变着大学生的思维方式与价值判断，影响着大学生精神文化生活和思想道德的建设与养成。引导大学生用马克思主义的立场、观点、方法加以分析和判断，挖掘信息背后的深层意义，运用自己的认知能力、反思意识对信息展开深度解读，能够透过媒介信息的表象看到隐藏在背后的本质，独立思考、理性辩证地理解信息的内涵，提高大学生的政治鉴别力。①

其次，提高大学生对媒介信息的甄别能力。自媒体具有良莠不齐、可信度低、法律不规范等弊端，因此如何让大学生正确地鉴别自媒体的信息真伪、价值高低是高校图书馆在信息素养培养工作中的一个重要环节。帮助学生建立正确判断信息价值的知识结构体系，掌握正确的甄别方法，让学生

① 蒋朝莉，姜莹莹. 新时代大学生媒介素质提升的路径探索——以习近平新媒体观为视角[J]. 绵阳师范学院学报，2019(1).

认识到虚假信息的特点及产生的原因，了解“利益的驱使”是虚假信息产生的根源。增强媒介传播责任意识，本着对社会负责、对国家负责的态度，对存在疑点的信息要进行论证、核实，不盲从、不传谣、不信谣，主动抵制不良信息。①

最后，提高大学生对媒介传播的应对能力。应对能力，是指调节、适应、解决问题和面对挑战的能力。大学生对媒介信息不能一味地“被动接受”，而要变“被动接受”为“主动迎战”。引导学生掌握应对的策略和方法，通过“理解”“质疑”“评估”“核验”“决策”等一系列路径，理性地选择符合个体和社会需求的媒介，主动选择并与之进行良性互动，提高自身解决媒介事务的能力，积极利用媒介促进自身的全面发展，已然成为当代大学生的必然选择。

二、融媒时代的校园文化建设

文化作为人类社会实践中创造的物质财富和精神财富的总和，具有不同的表现形式。校园文化是以校园为空间，以师生员工为主体，以优良校风、教风、学风为核心，以提高思想品德素质为目标，校园物质文化、精神文化和制度文化的总和。校园文化是社会主义先进文化的重要组成部分，是高校思想政治教育重要的环境育人载体，在高校人才培养中发挥着重要作用。校园文化建设是高校内涵式发展和社会时代发展的必然要求，是实现高校环境育人功能的需要，有利于建设和谐文化校园，促进学生的全面发展。融媒时代为高校校园文化建设发展提供了肥沃的土壤，提供了丰富多样的新的传播媒介，增强了高校校园文化的影响力和感染力，提高了高校校园文化的渗透力，校园文化的内涵得到了前所未有的丰富和发展。新媒体

① 蒋朝莉，姜莹莹. 新时代大学生媒介素质提升的路径探索——以习近平新媒体观为视角[J]. 绵阳师范学院学报，2019(1).

以其独特优势逐渐成为校园文化建设的网络新环境，极大地丰富了校园文化建设的内容，为校园文化建设带来了机遇和挑战。

（一）校园文化建设面临的机遇

1. 新媒体丰富了校园文化的内容

数字化网络通信技术的普及，囊括古今中外的巨量知识与信息被发掘、汇聚和散播[①]，为校园文化建设提供了取之不尽的素材，极大地丰富了高校校园文化的传播内容。利用新媒体载体的传播，大学校园文化的传播方式更加灵活多样，大学学习生活变得更加丰富多彩，校园文化获得了更强的表现力和感染力，对大学生的吸引力更强。总之，新媒体为大学校园文化提供了丰厚的养分，极大地丰富了校园文化的内涵，增强了学生对校园文化的价值认同。

2. 新媒体拓展了校园文化的“生存空间”

新媒体延伸了高校校园文化的视野，营造了一个向全世界平等开放的信息传播空间，突破了时空的限制，彻底打破了大学校园的地理空间概念。不同高校、不同地区、不同国家的学生，都可以通过网络实现资源共享。即使身处校园之中，也可以十分便捷地与外界沟通、交流，进行思想的交锋与文化的碰撞。[②] 与旧媒体时代相比，新媒体更能够实现大学文化的丰富性和多样性发展，校园文化的价值选择更为多元，思想活动的空间更加广阔，为高校校园文化建设提供了蓬勃的朝气。

---

① 贾小爽. 新媒体时代下校园文化建设的机遇、挑战和对策[J]. 山西煤炭管理干部学院学报，2013(3).

② 贾小爽. 新媒体时代下校园文化建设的机遇、挑战和对策[J]. 山西煤炭管理干部学院学报，2013(3).

3. 新媒体促进了大学亚文化的繁荣

在新媒体环境下，由于信息传播的广泛性，校园内各种亚文化都能在广阔的网络空间中找到一席之地，论坛、校园、微博等更成为大学亚文化发表主张、反映诉求的虚拟平台。① 借助虚拟信息交流平台，大学生自由表达着自己的个人主张、意愿和观点，各种亚文化彼此交融、求同存异。校园文化变得更加活跃，大学生公共事件参与意识更强，学生的个性化需求更容易得到满足，学生们更加愿意和善于在各种文化活动中展示自我、表达自我。

（二）校园文化建设遇到的挑战

1. 多元主义带来的文化冲击

文化能彰显学生的活力，给大学生带来新鲜的资讯、丰富的娱乐生活、便捷的人际交往，但是互联网是把双刃剑，在新媒体新技术的双重掩护下，一些别有用心的人和敌对势力开始渗透青年大学生的媒介生活。有人曾经在网上以“奶头乐”计划为案例，来警示我们每一个教育工作者要对西方的文化渗透、文化殖民保持足够的警惕。因为互联网上的很多信息是被别有用心的人精心制造出来的，这些人使用卑鄙的伎俩，精心包装西方的人权、民主观念，同时对我国取得的成就视而不见，刻意放大我国存在的诸多问题，尤其是发展阶段中不可避免的一些现实困难，把西方世界的“美好”和我国的种种“乱象”相对比，混淆视听，误导青年大学生对我国整体发展形势和未来走向产生错误预判，让我们的大学生人心涣散、意志消磨、虚度人生，不少大学生在多元文化中随波逐流，开始享受眼前的快乐，放弃对美好生活的

① 贾小爽. 新媒体时代下校园文化建设的机遇、挑战和对策[J]. 山西煤炭管理干部学院学报，2013(3).

努力奋斗。

2014年习近平总书记主持召开中央网络安全和信息化领导小组第一次会议并发表重要讲话，他强调“没有网络安全就没有国家安全”，指出，“做好网络安全和信息化工作，要处理好安全和发展的关系，做到协调一致、齐头并进，以安全保发展、以发展促安全，努力建久安之势、成长治之业”①。当前，要使大学生在多元文化主义浪潮中不随波逐流、不迷失自我，一定要清楚地认识到新媒体时代校园文化引导和建设的重要价值和意义，做到兼收并蓄，继承和传播中华优秀文化，促进高校校园文化繁荣发展。

2. 虚拟世界引发的交往危机

网络世界的虚拟性，使现实世界的身份、脸谱、场所模糊化、符号化、平等化，大学生可以在网络的虚拟世界中“遨游”，找到与自己有共同语言的人，符合当代大学生对信息需求的要求，享受着网络时代带来的便利。与此同时，网络空间的虚拟性、网络行为主体身份的虚拟性、网络行为的虚拟性，对人的全面发展也起到了一定的阻抗作用。虚拟世界的交际泛滥与现实世界的人际疏离，使一些自制力比较差的大学生更容易沉溺于网络的虚拟世界中，导致他们渐渐逃离现实世界的人际交往，加剧了对社会的隔离，在现实生活中更加孤独，身心和学业均受到影响。

3. 监管不力造成的功能弱化

文化是一种无形、潜在的力量，它无时无刻不在对人产生润物无声的作用。高校校园文化的教育引导功能就是靠高校校园文化的巨大影响力来完成的。新媒体携带的多样且大量的信息良莠不齐，有的未经审核就随意发

① 把握好舆论引导“时度效”，让网络清朗[EB/OL].(2014-02-28)[2022-03-20]. http://media.people.com.cn/n/2014/0228/c40606-24488209.html.

布，有的为了流量故意添油加醋，这些信息很多都是垃圾，甚至是有毒有害信息，对大学生的认知行为产生了极大的负面影响，给大学核心价值、人际交往、引导功能以及教育方式带来了冲击，削弱了大学校园文化功能，必须加强监督、引导和管理。

（三）校园文化建设提升的策略

1. 树立适应新媒体环境的校园文化观

适应新媒体环境带来的新变化和新挑战，校园文化观也在实践中不断得到丰富和发展。具体说来，融媒时代的校园文化更加开放、更加包容、更加亲切，也更强调互动。树立适应新媒体环境的校园文化观：一是面向社会、面向未来，立足长远、扩展视野，积极迎接挑战；二是不断创新、与时俱进，主动把握时代脉搏，增强积极应变的能力；三是尊重多元主体，尊重大学生的主体地位，发挥大学生的主体性、创造性和创新性，提升对话交流的质量和水平；四是加强互动、注重研究，关注大学生的兴趣和注意力，避免简单说教与灌输，促进高校校园文化的繁荣发展。

2. 弘扬大学精神文化的核心价值

大学精神是一股强大的精神力量，具有较大的影响力和号召力，并且可以转化为学生发展的强大动力。[①] 高校要在科学发展和理性思考的基础上，重塑新媒体时代的大学精神，将大学精神文化渗透到校园文化建设的方方面面，以使其更符合新时代的科学发展观。一方面，充分运用广播、电视、报纸等传统媒体，发挥传统教育模式和核心价值的作用；另一方面，结合大学生的思想状况和对新媒体的偏好，为大学生社会主义核心价值观教育开辟

---

① 邢丹，张维佳. 以活动为载体的高校文化育人平台建设探究[J]. 文化创新比较研究，2020(9).

新的空间。注重社会实践的塑造和校园文化的教化，丰富创新大学生社会主义核心价值观教育的方式、手段和途径。①

3. 发挥校园文化活动载体的育人作用

通过开展不同形式的校园文化活动，转移大学生对虚拟世界的兴趣，重新理解人际关系，修复现实世界中的人际网络，②引导大学生展示才华，服务学生的全面发展。借助新媒体载体的优势，建立新的文化交流与互动平台，与大学生自身发展的现实情况紧密联系，抓住大学生的兴趣和特点，将社会主义核心价值观、中华优秀传统文化、流行文化、百科知识等各种文化有机融合，满足大学生对不同文化知识的需求。选择丰富多彩的内容和各种各样的形式，以流行的形式和丰富的内容吸引大学生，使校园文化理念入心、入脑、入耳，建设融校园文化于一体的大学生思想教育体系。

4. 健全校园新媒体的舆论监管机制

新媒体信息的便利性和开放性非常强，各种校园文化信息层出不穷，相关监管部门无法对信息进行全程审核，导致很多广为传播的信息在校园内难以得到有效的监督管理，大量不良信息不断传播③，影响了大学生的价值选择和判断，造成了很大的负面影响。提高新媒体宣传的有效性，及时掌控新媒体信息，要加强对新媒体信息的大数据筛查和引导，对信息进行甄别和过滤，从源头上把控信息质量。大学生是校园文化建设的主体，全面了解大学生的思想动态，有效避免各种错误观念的侵蚀，让大学生在核心价值观等问题上始终保持坚定立场，打造健康向上的校园精神文化。

总之，高校必须积极转变观念，适应融媒时代的环境变化，强化文化自

---

① 张怡微. 新媒体时代下高校校园文化建设的机遇、挑战与对策[J]. 新闻研究导刊,2020(8).

② 张怡微. 新媒体时代下高校校园文化建设的机遇、挑战与对策[J]. 新闻研究导刊,2020(8).

③ 张怡微. 新媒体时代下高校校园文化建设的机遇、挑战与对策[J]. 新闻研究导刊,2020(8).

觉，利用好新兴的新媒体新技术，促进高校媒体融合发展，促进高校校园文化建设载体不断提档升级。掌握校园文化建设的主导权，把握机遇、迎接挑战，传统文化和流行文化相融合，线下教育和线上教育相结合，显性教育和隐性教育相联系，探索时间、空间等多维路径，积极构建和谐美好的高校校园文化，发挥文化育人的功能。

第二节　课程为本——融媒时代的思政课程建设

一、融媒促进思政课协同育人成效

融媒时代颠覆了人们的生产方式、生活方式和认知方式，推动着高校思想政治工作思维方式、载体形式、实践模式的转变，为高校思想政治工作协同育人的创新创造了契机。习近平总书记在全国高校思想政治工作会议上指出，“要用好课堂教学这个主渠道，思想政治理论课要坚持在改进中加强，提升思想政治教育亲和力和针对性，满足学生成长发展需求和期待，其他各门课都要守好一段渠、种好责任田，使各类课程与思想政治理论课同向同行，形成协同效应”[①]。探索思想政治理论课教师与其他课程教师全程、全方位的协同育人主体，发掘各类课程孕育的思想政治教育资源，构建思想政治理论课与各类课程同向同行的协同育人工作机制，提高思想政治教育工作的科学性与有效性，实现教育教学全程、全员、全方位育人，对于培养社会主

① 习近平在全国高校思想政治工作会议上强调：把思想政治工作贯穿教育教学全过程 开创我国高等教育事业发展新局面[EB/OL].(2016-12-09)[2022-03-20]. http://dangjian. people. com. cn/n1/2016/1209/c117092-28936962. html.

义事业的建设者和接班人具有重要的理论意义和实践价值。[①]

(一)协同育人的原则

1.系统性:坚持协同育人的工作理念

协同育人是一个系统工程和整体机制,思想政治工作的主体、对象、原则、环境、途径、制度、策略、平台、载体等各个要素是系统有机统一、相辅相成的组成部分。各门课程要基于本门课程的性质和任务,每个要素和环节都是构成系统的关键部分。抓牢课堂教学主渠道,上好思想政治理论课,其他各门课程要"守好渠""种好田",形成协同效应,促进立德树人、教书育人相得益彰,做好知识、技能传授与态度、情感、价值观引领,道德品质、人格素质的统一。推动"思政课教育、通识教育、专业教育"深度融合,把思政课堂显性教育载体与其他课堂隐性教育载体结合起来,构建"大思政"的协同育人格局,提升思想政治工作的价值感召力和育人载体合力。[②]

2.方向性:坚持社会主义的根本方向

习近平总书记指出:"我国高等教育肩负着培养德智体美全面发展的社会主义事业建设者和接班人的重大任务,必须坚持正确政治方向。"[③]高校要把"立德树人"作为安身之本、办学的初心使命,坚持社会主义办学方向,高举中国特色社会主义的伟大旗帜。牢记加强党对高校的领导,加强和改进高校党的建设,是办好中国特色社会主义大学的根本保证。围绕社会主义

① 高锡文.基于协同育人的高校课程思政工作模式研究——以上海高校改革实践为例[J].学校党建与思想教育,2017(24).

② 高锡文.基于协同育人的高校课程思政工作模式研究——以上海高校改革实践为例[J].学校党建与思想教育,2017(24).

③ 习近平:高校立身之本在于立德树人[EB/OL].(2016-12-09)[2022-03-20].http://www.xinhuanet.com/mrdx/2016-12/09/c_135892530.htm.

现代化的伟大建设目标，坚持不懈弘扬社会主义核心价值观，坚持不懈促进高校和谐繁荣稳定，坚持不懈培育优良校风学风，坚持不懈引领大学生的思想认知和价值认同，坚持不懈规范大学生的行为实践，不断引导和加强青年大学生对中国特色社会主义的道路自信、理论自信、制度自信、文化自信。

3. 人本性：坚持“以生为本”的立足点

高等教育的价值旨归在“人”，在于调动每个人的积极性，开发每个人的潜能，促进人的全面和自由发展。“每个人的自由发展是一切人自由发展的条件。”①“以生为本”是一切教育行动的出发点和落脚点。高校推进思政课程改革创新，要尊重大学生的主体地位，“为了一切学生，一切为了学生，为了学生一切”。从学生个性差异出发，使思想政治工作始终贴近实际、贴近学生、贴近人心。② 着眼于大学生的实际需求，解决学生的实际困难，为学生的各项成长助力，为学生的全面发展赋能。彰显有情感温度的思政教育，情感育人、情感化人、情感成人，不断提高学生思想水平、政治觉悟、道德品质和文化素养。

4. 科学性：坚持人才培养的科学规律

遵循思想政治工作规律，遵循教书育人规律，遵循学生成长规律，用科学性、真理性的理论为思想政治工作提供指导。把握好“师”“生”这两个教育主体，把握好“课堂”这个载体。让大学生在改革开放的伟大实践中接受德育思想，不断提高德育科学化水平。遵循教书育人规律，把提高教师思想

① 高锡文. 基于协同育人的高校课程思政工作模式研究——以上海高校改革实践为例[J]. 学校党建与思想教育，2017(24).

② 高锡文. 基于协同育人的高校课程思政工作模式研究——以上海高校改革实践为例[J]. 学校党建与思想教育，2017(24).

政治素质和职业道德水平摆在首要位置。[①] 遵循学生成长规律，提升思想政治工作的亲和力和针对性。善于从课程的实际情况出发，因事而化、因时而进、因势而新，运用新媒体新技术提升工作实效，推动思想政治工作传统优势同信息技术高度融合，增强时代感和吸引力。

（二）协同育人的建设

1. 发挥思政理论课主渠道作用

习近平总书记在学校思想政治理论课教师座谈会上的讲话指出，"思想政治理论课是落实立德树人根本任务的关键课程。思政课作用不可替代，思政课教师队伍责任重大"[②]，明确了思政课堂教学对思想政治教育的重要性。作为大学生思想政治教育的主渠道，要在"课程思政"中发挥主导作用。一是加强高校思想政治理论课教学的理论与实践研究，及时深化推进习近平总书记系列重要讲话精神进教材、进课堂、进学生头脑，提高学生对中国特色社会主义事业的理论认同、政治认同、情感认同，引导学生真学、真信、真懂、真用；二是解决好"谁来教""教什么""如何教""如何考"等问题，让思政理论课"有意思""有韵味""有温度"，做到入眼、入耳、入脑、入心，让学生听得懂、喜欢听，不断增强"主渠道"课堂的理论魅力；三是提升思政教师的积极性、主动性和创造性，不断改进教学方式方法，推进科研创新，为高校思政课堂注入新的生命力与活力。

2. 建立协同育人工作理念

整合多方育人资源，发挥各方育人力量。在高校思政课教学中，显性教

① 赵锋，孔军，陈广宇，等. 立德树人为什么——深入学习习近平总书记关于教育的重要论述[J]. 北京教育（高教），2021(3).

② 习近平. 思政课是落实立德树人根本任务的关键课程[J]. 求是，2020(17).

育与隐性教育应该相互依存、相互补充,共同构成思政课教学的完整体系。思政课堂显性教育在思政课中发挥着主导作用,承担着对大学生进行系统的马克思主义理论教育的主要任务,与其他课堂隐性教育相得益彰、互为补充。建立思政课堂显性教育与其他课堂隐性教育协同育人机制:一是坚持"立德树人",把培育和践行社会主义核心价值观融入教书育人全过程,将学科资源、学术资源转化为育人资源,实现知识传授、价值引领和能力培养的有机统一,[①]推进核心价值观进教材、进课堂、进头脑;二是充分发挥思想政治理论课在价值引领中的核心地位,理直气壮地讲好中国故事、讲中国好故事,激励学生自觉把个人的理想追求融入国家和民族的事业中,勇做走在时代前列的奋进者、开拓者;[②]三是充分挖掘专业课育人功能,发掘专业课与思政课的切合点和闪光点,通过专业课有效"嫁接"思政教育发挥育人功能,强化对学生的品格教育和人格的历练提升;四是使各类通识课程与思想政治理论课同向同行,注重对学生传统文化精神与人文素质的培养,在通识课程中融入思政元素,挖掘和充实通识课程的思政教育资源。

3. 打造协同育人工作主体

思政课程与其他课程融合,达到协同育人的目标,关键在教师。多元主体共同参与,改变了思政理论课、通识课程和专业课程之间"各自为政"的情况。促进高校课程体系"同向同行、协同育人":一是强化高校教师的政治意识,使每位教师"守好一段渠、种好责任田",所有高校、所有教师、所有课程都承担好德育责任;二是强化高校教师的协同意识,思政课教师与其他课教

① 高锡文.基于协同育人的高校课程思政工作模式研究——以上海高校改革实践为例[J].学校党建与思想教育,2017(24).

② 高锡文.基于协同育人的高校课程思政工作模式研究——以上海高校改革实践为例[J].学校党建与思想教育,2017(24).

师联动融合，挖掘通识课程与专业课程中的思政元素[①]，不断拓展思想政治教育的新空间、新载体；三是强化高校教师的大局意识，把思想价值引领贯穿教育教学全过程和各环节，形成教书育人、科研育人、实践育人、管理育人、服务育人、环境育人、媒体育人等长效机制，实现全员育人、全程育人、全方位育人，提升高校思想政治工作的合力。

总之，坚持协同育人的工作理念，发挥思政理论课主渠道作用，整合多方育人资源，发挥各方育人力量，促进多元主体共同参与，打造协同育人工作主体，推动各类课程与思政理论课同向同行，形成协同效应。

二、从“思政课程”到“课程思政”的融媒作为

从“思政课程”到“课程思政”，从谋篇布局到下棋落子，预示着高校思想政治教育正从“小思政”走向“大思政”的全新格局。融媒时代，如何实现从“思政课程”到“课程思政”的转化、如何使“思政课程”和“课程思政”有机融合、如何体现从“思政课程”到“课程思政”的融媒作为，成为高校思想政治教育工作的一项重要课题。

（一）从“思政课程”到“课程思政”的理念转化

1.发挥课堂主阵地的协同育人功能

课堂是学生成长的主渠道、教师育人的主阵地。高校要充分发挥课堂育人的主渠道作用，努力实现从“思政课程”到“课程思政”的转化。无论是思想政治理论课，还是包括专业课、通识课在内的各类课程，同属于高校教育教学过程的课程体系，都是课程体系的重要组成部分，既相互区别，又相

① 赵锋，孔军，陈广宇，等.立德树人为什么——深入学习习近平总书记关于教育的重要论述[J].北京教育（高教），2021（3）.

互联系、互为补充。前者是关于思想政治教育、道德素质教育方面的教育,落实立德树人根本任务的关键课程;后者是专业技术知识方面的教学与实践,课程的内容和重点不同,但是最终目标都是相同的,即培养具有较高政治素质和较强专业能力的社会主义建设人才。思想政治工作不仅是思想政治理论课的任务,其他各类课程也身兼这一重任。思想政治理论课与各类课程同向同行、相互兼顾,才能真正实现培养德才兼备的社会主义建设人才这一目标。

2. 实现显性教育与隐性教育相融通

“思政课程”与“课程思政”的核心内涵都是立德树人,两者都是高校思想政治工作的重要内容,其目标是相通的,都是有目的、有计划地使受教育者形成符合一定社会所要求的思想品德的社会实践活动,但侧重点又有所不同。“思政课程”是思想政治教育的显性灌输,而“课程思政”则是思想政治教育的隐性渗透,两者呈现的方式不同。“课程思政”强调将思想政治教育通过渗透等方式进行开展,把做人做事的道理、社会主义核心价值观的要求、实现民族复兴的理想和责任融入“课程思政”中的课程①,以实现立德树人的根本任务,突破了以前只教书不育人的藩篱。如何将大学思想政治课程转变为大学课程的思想政治教育,实现思政课堂显性教育与其他课堂隐性教育的协同育人,打造思政课教师与其他任课教师全员、全程、全方位的协同育人共同体,是一种任重而道远的转化。

3. 充分挖掘各类课程的育人资源

“课程思政是以课程为载体,充分挖掘各类课程自身的德育因素和资

---

① 赵锋,孔军,陈广宇,等. 立德树人为什么——深入学习习近平总书记关于教育的重要论述[J]. 北京教育(高教),2021(3).

源，遵循课程教育教学规律对其加以开发运用的社会实践活动。”[①]挖掘课程中的思想政治教育资源是回归课程内在价值诉求的题中之义，是实现人的全面发展的内在要求，也是实现立德树人根本任务的客观必然。[②] 高校各类课程中都包含着丰富的德育资源，专业课中的很多概念和理论都蕴含着深刻的人生哲理，这些人生哲理能让学生加深对抽象理论知识的理解，同时也能让学生对自己的人生多一些思考。在课程思政的改革中，要善于发掘高校各类课程的育人资源，立足学科优势深入挖掘各类课程蕴含的思政资源，以及与之相关的思政教育元素。但“挖掘什么资源”“如何挖掘资源”“如何激发资源的思想政治教育效力”，如何更好地发挥各类课程的育人功能，还需要在实践中不断丰富和发展。

从“思政课程”到“课程思政”的转化，是高校“立德树人”的根本要求，是思想政治工作实践发展的历史必然，实现各门课程都有育人责任、各门课程都承担德育的功能，实现“思政课程”与“课程思政”同向同行、协同育人，推进全员育人、全程育人、全方位育人的“大思政”格局。

（二）从“思政课程”到“课程思政”的融媒困境

1. 融媒的工具理性与思政价值理性之间的矛盾

从融媒的工具理性方面来看，无论是传统媒体，还是以微博、微信为代表的新兴媒体，都遵循工具理性的逻辑，价值取向是多元的，唯一的目标就是提升用户体验，增加用户黏性，实现利润的最大化。而无论是“思政课程”还是“课程思政”，都应遵循价值理性的逻辑，强调的是价值引领而不是迎合学生，这个鸿沟需要从工具理性到价值理性的架构。

---

① 卢黎歌，吴凯丽．课程思政中思想政治教育资源挖掘的三重逻辑［J］．思想教育研究，2020(5)．

② 李春根，仇泽国．高校课程思政元素的挖掘与育人功能——以《社会保障学》为例［J］．中共南昌市委党校学报，2021(1)．

2. 人对融媒的依赖与人和人之间依赖的矛盾

从融媒时代的交往理性方面来看,人对媒体的依赖取代了人与人之间的依赖。虽然教学媒体在物理空间上拉近了人与人之间的距离,但缺乏情感的人机沟通与交流,使人与人之间的心理距离越来越远。线上教育的弊端,还需要线下教育加以弥补。不能用线上课堂取代传统第一课堂,也不能把课程所授的内容简单"迁移"至融媒。

3. 学生对价值引导的向往与媒介素养供给侧之间的矛盾

从融媒时代供给侧方面来看,从"思政课程"到"课程思政"的教学形式、教学内容,媒介信息的数量、质量,教学主体的媒介素养,以及对新媒体的认知和运用熟练程度,都远低于学生的需求,滞后于学生对网络思政价值引领的期待,需要加强教师的媒介素养、媒体使用能力培训等。

(三)从"思政课程"到"课程思政"的路径探讨

1. 寻求思政育人与融媒技术的平衡点

教育技术的价值并不存在于"教育"与"技术"之中,而在于"教育"与"技术"的深度融合。融媒技术的工具价值,仅仅是人实现自我的阶梯或途径,对外在束缚的超越以及个体精神自由的实现,才是人运用融媒技术的终极诉求。"以人为本"是由思政育人的本质所决定的,是"教育"与"技术"融合的必然追求。遵循教育发展的规律性,正确处理好"教育"与"技术"之间的关系,既要充分运用好"融媒技术"的工具价值,又要走出工具理性的偏执束缚,做到"是"与"应当"的统一,"怎样做"与"应当做"的统一,"真"的法则、"利"的法则与"善"的法则的统一,使教育与技术达到深度融合,注重由浅入深,由知到行,由知识掌握到情感、态度、价值观的培育,实现教育技术工具理性与价值理性的平衡。

2. 寻求课程育人与媒体融合的契合点

媒体融合为“思政课程”与“课程思政”提供了生成的肥沃土壤。媒体融合在本质上是对传统媒体和新兴媒体的“扬弃”，而非替代关系。在媒体融合环境下，传统媒体在保留其权威性与准确性的同时，也具有了新媒体非线性的特点，从单向“通知式”的信息传播转变为更加注重与受教育者之间的互动式传播，有利于传统媒体在“接地气”的方向上不断优化升级。要利用好课堂育人这个主渠道，寻求将媒体融合应用于大学生思想政治教育工作的契合点。融媒时代，单纯采用线下教学的育人模式已经远远不能满足时代要求和学生发展的需求。从“思政课程”到“课程思政”，都要紧紧抓住融媒思维，借助传统媒体和新兴媒体的优势互补，提高传统媒体和新兴媒体的育人功效。利用新媒体载体平台充分融合教育资源，将思想价值通过融媒思维传播与展现，合理搭建线上线下互动平台，促进传统媒体与新兴媒体融合，促进线上教育与线下教育融合。

3. 寻求教学内容与教学方法的生长点

融媒时代对思政育人提出了更高的要求，只有不断丰富教学内容，改进和创新教学方法，用喜闻乐见的方法和手段牢牢抓住学生，才能不断提升思政育人的成效，展现“思政课程”与“课程思政”的魅力。一是加强思政课程的改革创新，使之符合新时期思政课“配方”先进、“工艺”精湛、“包装”时尚的基本要求，提高学生的到课率、抬头率和点头率，使思政课成为学生真心喜爱、终身受益、毕生难忘的优秀课程；二是挖掘专业知识与思政教育的结合点，将思政理论、社会热点、鲜活案例与专业教学内容有机结合，把“高大上”的理论和“接地气”的现实结合起来，把社会热点、学科前沿、最新鲜的知识和案例带进课堂，牢牢抓住学生的眼球，保证课程思政常讲常新、常抓常新；三是不断探索新颖独特的教学方法，例如项目驱动法、案例教学法、创新实践法，增加实践教学的内容与环节，为学生打造更多层次的实践平台；四是积极利用AR、VR等新媒体新技术的生长点，增强学生的现场互动体验，提高教学内容的表现力，调动学生的参与积极性①，提升课堂教学的吸引力和感染力。

4. 寻求教育主客体媒介素养的交界点

融媒时代，单纯的人媒互动过渡到了人、媒介和社会的互动，教育主客体之间的关系和地位发生了深刻变化。借助新媒体，教育主客体可以进行自由平等双向的交流互动，双方处于较为平等的地位，共建共享新媒体教育资源。构建和谐的高校媒介生态系统：一是推动媒介素养教育与思想政治教育教学活动全面融合，加强教师的媒介素养培训，提高教师的媒介素养教育水平；二是科学建构媒介素养教育体系，根据不同年龄段学生的特点，设置合理的媒介素养教育目标，丰富媒介素养教育形式，借助新媒体正确引导学生的思想观念、政治观点、心理意识及价值选择；三是提升教师使用新媒体的能力，熟练掌握校园网、手机新媒体、微媒体等相关技术，能够结合学生思维特点、性格特征及思想政治教育内容等因素，机动灵活地选取新媒体工具及平台开展思想政治教育；四是充分利用新媒体技术优势，将媒介素养教育向"第二课堂"渗透，积极策划和开展趣味性、参与性较高的校园文化活动，通过"线上"与"线下"的配合，增强活动载体的"温度"和"黏性"，努力营造良好的校园新媒体教育环境。

---

① 王红霞，陈圣磊."三全育人"视阈下电子商务专业课程思政建设的实践与探索——以"电子商务项目策划与管理"为例[J]. 黑龙江教育（理论与实践），2021(2).

三、融媒时代的课堂教学变革

融媒时代，高校思想政治教育面临的环境发生了前所未有的变化。知识灌输和社会舆论的制约力量逐渐失去了原有的优势，教育主体的权威地位日益弱化，思政教育的手段变得日益多元，微课、慕课、翻转课堂、雨课堂、混合式教学等课堂教学模式应运而生，在对传统教学模式造成冲击和挑战的同时，也给大学教育改革带来了新的发展契机。如何将课堂教学的内容与学生的兴趣结合起来，调动学生的学习积极性，如何将课堂教学从以教为重点转向以学为重点，提升高校思政育人的课堂教学效果，已成为高校思政改革创新实践必须面对和解决的问题。

（一）融媒时代催生新的课堂教学

1. 微课

微课是以教学视频作为载体和依托而实现教学目标的一种教学方法，是综合运用摄录、信息、软件、图像编辑等技术，将教学内容碎片化、微型化、结构化、体系化的视频课堂。教学视频是微课的核心内容。微课是对内容的提炼，是对某一知识点或教学中某一环节的集中体现和反映，在有限的时间内针对一个知识点进行详细讲解，具有短小、精湛的特点，从而有效提高学生的学习效率。微课是教与学的有机结合，也是对多种教学资源的有机结合利用。微课视频的播放模式有单播和互动两种。在互动模式下，教师要增强与学生的互动，随时解答学生的疑问，在互动与交流的过程中引导学生积极进行思考。目前，微课教学中大多应用互动模式。

2. 慕课

慕课,即“大规模在线开放课程”,体现了现代信息技术与教育的深度融合,是新时代教育教学改革的有效途径之一。微视频平台是保证慕课教学得以实施的必要条件,是开展慕课教学的必要硬件基础。借助融媒平台,慕课通过高质量的短视频教学,将传统的课堂教学转移到虚拟的网络空间,适应不同思想层次学生成长的需求,具有传统课堂教学所不具备的“开放”“大规模”“在线”等优势,极大地拓宽了传统教学内容的疆域。适应高校教学改革创新的时代要求,慕课越来越多地被引入“思政课程”和“课程思政”改革的阵地,既发挥教师在教育教学中的主导作用,又满足学生对个性化、自主性学习的渴求。然而,视频制作内容的更新和制作效果是否精良,学生上课是否用心、专注,慕课是否流于同质化和形式化等,都影响着教学改革创新的效果。基于慕课的线上线下混合式教学是建设“金课”的重要手段。

3. 翻转课堂

翻转课堂,又叫颠倒课堂,是将学习的决定权从教师转移到学生,课堂教学的主客体借助新的媒体形态进行翻转。课前,学生利用微课或慕课进行初步的学习,对教学过程中的知识重点和难点形成初步认识及理解。学生可以通过观看视频、听播客、阅读电子书、查阅资料等方式完成自主学习,学习方式更加灵活、主动,学生的参与度更高。教师可以鼓励学生从教育的客体转化为主体,独立思考,自己提出对策。翻转课堂与慕课、微课并不是割裂的,三者之间有着密不可分的联系。教师应结合教学要求以及教学的实际情况,合理应用微课、慕课和翻转课堂,激发学生的思维逻辑,引导学生独立思考,使其在思考过程中探索更深层次的知识领域,这对拓展学生的思维视野,提高其思维逻辑能力,优化教学效果,具有积极的推动作用。

4. 雨课堂

“雨课堂”是一款智慧教学工具，由学堂在线与清华大学在线教育办公室共同研发。雨课堂借助 PowerPoint 和微信，将智能手机应用于传统的课堂教学中，使线上网络学习和线下课堂教学紧密融合。[①] 雨课堂涵盖了课前、课上、课后每一个环节，课前课后的“线上”与课上的“线下”贯穿全程，为师生提供了全新的交互体验。教师可以通过“雨课堂”，将学习资源或习题推送到学生的手机终端，可以开启弹幕、投稿、随机点名、发放课堂红包，支持附件作答、拍照上传、语音回复等功能，具有操作便捷、功能多样、互动即时、评价多样等优势和特点。课程学习的主体是学生，教师是课程学习的设计者及学习过程的引导者。因此，雨课堂对教师的教学设计提出了更高的要求，只有充分了解学生的喜好和特点，以学生更容易接受的方式来传授知识，才能不断提升雨课堂的教学效果。

5. 混合式教学

在线教育资源与信息技术革命促进了课堂教学的改革创新。“混合式教学”是将在线教学和传统教学的优势结合起来的一种“线上＋线下”的教学方式，不是单纯的各种学习要素的叠加，而是要充分发挥“线上”和“线下”两种教学的优势。混合式教学通过选择适当的时间、采用适当的媒体技术、提供与适当的学习环境相契合的资源和活动，让适当的学生形成适当的能力，从而取得最优化教学效果的教学方式。[②] 混合式教学是对传统教学模式的一种扬弃，避免了传统教学中教师灌输为主，学生学习参与度不高、互

① 韩森. 基于慕课和雨课堂的高校思政课混合式教学——以“毛泽东思想和中国特色社会主义理论体系概论”慕课为例[J]. 现代教育技术,2018(7).

② 曲媛媛,张森,崔春晓. 线上线下混合式教学模式在组织学与胚胎学中的应用研究[J]. 智库时代,2019(37).

动性不强，学习效果较低等问题，弥补了慕课教学存在的零散化、缺乏系统性和表面化的不足。通过教学优势的有机结合，实现线上线下教学内容和流程的无缝对接和融合，做到“真正以学生为中心”。在现代信息技术与教育教学创新求变的今天，混合式教学越来越受到高校的青睐，推动高等教育的内涵式发展。

（二）探索智慧课堂混合式教学

随着融媒时代的发展，智慧校园环境得以建设、智慧教学平台得以开发、智慧教学工具得以应用，为智慧课堂混合式教学的开展带来了契机。现代信息技术与教育教学深度融合，推进教育理念、教学内容和教育教学模式与方法的深刻变革，[①]推进高校思想政治教育的课堂革命。在慕课、雨课堂、混合式教学等教学模式的基础上，不断创新适应融媒时代需求的新的教学模式，积极探索智慧课堂混合式教学模式。善于运用现代信息技术提升智慧课堂，促进高校思政课的教学改革，提升课堂教学的灵活性、科学性、有效性。科学地理解课堂、灵活地组织课堂、生动地激活课堂、熟练地运用课堂，让课堂真正活起来。

1. 大力建设线上课程资源

加大投入努力建设线上课程资源，为智慧课堂混合式教学提供资源保障。线上课程资源主要包括微课群、课件库、学习任务库、拓展资源库、习题库、案例库等。[②] 为学生课前线上学习新知识提供学习资源，汇总课上驱动知识内化的学习活动，明确课上知识内化的任务要求，为课后知识巩固、拓展和迁移提供资源支持。[③] 一是梳理内容模块、重点难点，建立各门课程的

---

① 罗映红. 高校混合式教学模式构建与实践探索[J]. 高教探索，2019(12).

② 罗映红. 高校混合式教学模式构建与实践探索[J]. 高教探索，2019(12).

③ 罗映红. 高校混合式教学模式构建与实践探索[J]. 高教探索，2019(12).

微课群；二是制作各教学内容模块的教学课件，整合形成课件资源库；三是以学习情境设计为基础，制定学案，形成学生学习任务库；四是收集整理各教学内容板块的练习库；五是依据课程内容模块最新案例建成教学案例库；六是课程资源建设完毕，将其上传至智慧教学平台及移动手机端，达到优质资源全覆盖，为混合式教学的开展做好充分准备。

2. 及时升级智慧教学环境

建立与混合式教学相匹配的智慧教学环境，为智慧课堂混合式教学提供环境保障。一是提供"全时段、全覆盖、全类型"的校园互联网，以满足学生随时随地、个性化的学习需求；二是打造集即时反馈系统、实时录播系统等于一体的智慧教室，以适应互动式、智能化、开放型、多样性的课堂需求；三是充分利用传感技术、人工智能技术、网络技术、富媒技术，创设网络化、数字化、智能化、个性化学习环境，实现线上线下一体化、课内课外一体化、虚拟现实一体化的全场景教学智能应用；四是创设学生自主使用智能设备的智慧课堂环境，加强引导和疏通，真正实现"干预式"教学。

3. 加快培养智慧教学师资

加快智慧教学师资能力和素养提升，为智慧课堂混合式教学提供师资保障。一是培养教师除了具备扎实的学科知识和教学法知识外，还要具备一定的信息技术能力，整合技术、内容和教学法应用于混合式教学的能力，线上与线下教学之间自由切换的能力；①二是组织一周一优课、优质课、公开课、互联网名师课、青年教师基本功比赛等评选活动，组织实施常态化教学教研活动；三是加强教师智慧课堂基础应用培训、智慧教育创新应用培训、骨干教师教研培训等，培养教研团队信息化指导能力、教师信息技术应用能

---

① 罗映红. 高校混合式教学模式构建与实践探索[J]. 高教探索，2019(12).

力,促进课堂学习模式创新和效能提升。

4. 合理重构智慧教学环节

加快全程育人步伐,完善课前、课上和课后三个阶段的教学设计,为智慧课堂混合式教学提供教学保障。一是课前,教师利用智慧教学平台布置学习任务,让学生可以有目的、带任务地进行体验式学习,通过知识点的检测,了解学生对基本概念的掌握情况,通过大数据分析技术,快速实时地了解学生的预习情况并做出适当调整;①二是课上,学生进行小组“自主—探究—合作”学习,教师对学习进行点拨提升、情境分析、答疑解惑,提升“翻转课堂”实效;三是课后,学生通过智慧课堂平台交流,在线完成团队项目作业,教师也可以通过平台导出的大数据精准分析教学效果,为下一步的优化教学设计提供参考,根据学生的反馈信息对教学内容进行灵活调整并保持整体平衡,释放教师更高的教学能量、激发学生更强的学习热情。

5. 不断改进考核评价机制

建立更加科学、高效、多元的教学评价系统,为智慧课堂混合式教学提供制度保障:一是采取开放式多元考核方式,增加过程性考核、实践性考核的比例和次数,根据学生课上课下参与情况、任务完成度、作业完成情况、平台活跃度等进行综合评价;②二是增加“项目体验式”学生学习小组互打分数,丰富考核的内容,调动学生的课堂积极性;三是专家评教、教师评教、学生评教相结合,评教数据多维度呈现,学生也可以对教师的授课全过程进行评价,这种双向进行的教学互动能有效地加强师生沟通,督促教师进行及时

① 刘颖,蒋拓,王兆丹. 基于移动端的智慧课堂混合式教学模式的研究与实践[J]. 课程教育研究,2019(16).

② 刘颖,蒋拓,王兆丹. 基于移动端的智慧课堂混合式教学模式的研究与实践[J]. 课程教育研究,2019(16).

改进，反馈教师的成败得失，提高高校教育教学水平；四是利用辅助教学工具来实时采集、分析新的教学场景，重构教学环节，调整教学进度，整合教学内容，及时完善教学评价。①

总之，融媒促进思政课协同育人成效，发挥课堂的育人主渠道作用，做到“真正以学生为中心”，推动“课程思政”与“思政课程”融合、传统媒体与新兴媒体融合、线上教育与线下教育融合，催生融媒时代的课堂教学变革，积极探索智慧课堂混合式教学，发挥课程育人载体的功能。

第三节　活动育人——融媒时代的思政实践

马克思说过，“全部社会生活在本质上是实践的”。实践是人类有意识、有目的地改造自然和社会的活动，是人类认识世界的基础和源泉。教育本身就是一项实践性育人活动。大学生既是教育实践活动的客体，又是教育实践活动的主体，既是教育实践活动的出发点，又是教育实践活动的归宿，是过程与目的的统一。推进大学生思政实践是适应融媒时代发展，创新高校思政教育方式方法，实现全员育人、全程育人、全方位育人的必然要求。充分发挥思政实践活动育人的功能，推动思想政治教育工作更接地气，入脑入心，切实发挥思想政治教育工作的实效。

一、实践性教学改革

深入推进思想政治理论课实践性教学改革，是坚持马克思主义实践观，

① 刘颖，蒋拓，王兆丹．基于移动端的智慧课堂混合式教学模式的研究与实践[J]．课程教育研究，2019（16）．

适应社会经济发展需求，培养造就具有高度社会责任感、创新精神和实践能力的高素质应用型人才的根本要求。加快推进实践性教学改革的步伐，搭建实践育人的平台系统，构建实践育人共同体，从而推动全员育人、全程育人、全方位育人落到实效。

（一）实践性教学改革的必然性

1. 实践性教学改革是马克思主义的本质要求

对实践教学的理解离不开马克思主义实践观的指导。马克思主义哲学科学地阐述了实践的本质和意义，指出实践是人们改造客观世界的物质活动。实践总是受到一定历史条件的制约，随历史条件的变化而变化。人作为实践活动的主体，能够有意识有目的地从事改造世界的活动。马克思主义实践的观点是实践育人的基石。马克思主义理论的内在要求是与实践相结合、在实践中发展理论，这就要求必须加强实践性教学，坚持理论与实践相统一的原则，并在实践中不断变革和发展。

2. 实践性教学是新时期教育发展的现实需要

随着我国经济社会的快速发展，人们的生活方式、思维方式以及价值取向发生了深刻变化，在实践中丰富和发展实践性教学是时代发展的必然要求。我们党和国家历来高度重视实践育人工作。2004 年，中共中央国务院在《关于进一步加强和改进大学生思想政治教育的意见》中指出："社会实践是大学生思想政治教育的重要环节，要建立大学生社会实践保障体系，探索实践育人的长效机制。"2012 年教育部等部门《关于进一步加强高校实践育人工作的若干意见》指出："进一步加强高校实践育人工作，是全面落实党的教育方针，把社会主义核心价值体系贯穿于国民教育全过程，深入实施素质教育,大力提高高等教育质量的必然要求。"[①]坚持理论学习、创新思维与社会实践相统一,是大学生成长成才的必由之路。

当前,高校对实践性教学理念和重要性的认识不断深入,将实践性教学作为学生直接接触社会、接触实际问题、理论联系实际的重要教学环节。通过一系列实践性教学活动的方式有意识有目的地感受客观世界,并且学以致用、能动地改造世界的教学活动,有利于大学生深化对高校思想政治理论的理解和把握,提高当代大学生的综合素养和创新能力,形成良好的思想政治素质,在实践中不断增强服务国家、服务人民的社会责任感,运用马克思主义基本理论去发现、分析、解决社会问题。

但与此同时,高校思政教育的实践性教学改革并未取得实质性进展,依然是高校思想政治教育的薄弱环节,还存在实践育人片面化、功利化,组织过程简单化、形式化,各部门彼此割裂,实践育人机制不健全,第一课堂与第二课堂衔接不畅的情况,缺乏整体的思考和布局,缺乏相互融通,形不成育人合力,迫切需要加快改革创新的步伐。

(二)实践性教学改革的途径

1. 构建实践性教学的新体系

以立德树人为根本,积极推进思想政治教育实践性教学改革,积极构建实践性教学新体系,奠定坚实可靠的依据和基础。解决课堂教学"重知识、轻能力""重理论、轻实践"的问题,多维度地开展实践性教学改革,打造有一定特色的高校实践育人体系。

注重观念革新,加强顶层设计。立足于服务社会、为区域经济发展培养高素质应用人才的目标,加强实践性教学的顶层设计,推动"党委统筹部署、

① 王效为. 关于高校思政课实践教学的几点思考[J]. 中国科教创新导刊,2013(8).

政府扎实推动、社会广泛参与、高校着力实施”,形成实践育人统筹推进的工作格局。正确认识实践性教学的重要地位,规范实践性教学的基本流程,优化实践性教学的课程标准和教学大纲,提供促进实践性教学长远发展的统一实践体系。从培养方案上落实实践性教学的具体要求,结合专业发展需要和人才培养标准,科学制订实践性教学课程方案和标准,提高实践性教学实效。

丰富实践内容,创新实践形式。保证实践性教学的规范化以及合理化运作,提升实践性教学的质量及水平。在教学内容和体系方面分多个层次来设计,理论教学与实践性教学相互补充、相互渗透,实践性教学相关课程相互渗透,发挥课程体系的整体功能优势。分类制订实践性教学标准,加大实践性教学比重。注重第二课堂活动的整合,推进学生社会实践项目的科学合理设置。做好前期实践项目引导,强化前期引导、线下执行及后期评价,不断完善社会实践类型和形式。[①] 加强对实践性教学及管理的研究,研究学生实践性学习的规律,根据教学内容选择不同的教学方法。

注重实践元素的导入,整合实践资源。以多样化的实践活动丰富课堂教学内容,促进相关课程实践资源的整合。充分考虑学生的水平差异和个性需求,有针对性地设计组织实践性活动方案,突出不同实践对象的特点。教师在设计实践活动时可以采用不同的教学媒介,充分利用以网络为代表的教学媒体实施更为全面科学的授课。根据学生喜好选择实践资源,分类开展社会实践活动。进一步夯实学生、教师与实践基地、教育基地的联系,增强实践性教学的实效性。[②]

2. 培育实践性教学新模式

高校思想政治理论课实践性教学模式所涉及的内容以及环节相对复

① 刘波,毛浩生,陈涛.高校实践育人体系构建路径研究[J].长江技术经济,2020(S1).

② 刘波,毛浩生,陈涛.高校实践育人体系构建路径研究[J].长江技术经济,2020(S1).

杂,鼓励学生主动参与,突破简单的调查及观察,吸引学生的注意力和兴趣,更好地实现教学资源的优化配置及利用。以平台拓展为契机,以整合资源为抓手,打破“单兵作战”传统,探索需求多向化、服务综合化的实践育人模式。[①] 坚持课上探究与课下实践相结合、集中实践与自主实践相结合、学习实践与生活实践相结合,探索实践与理论相结合的一体化教学模式,建立实践性教学的长效机制,促进实践性教学全面、深入、可持续发展。

探索丰富多元的实践性教学方式。突出自主实践,提倡自主学习、探索学习和协同学习方式,强调学生在实践性教学中的主体地位。突出情境实践,在教学实施环境中突出直观性、体验性和实践性。实践性教学中讲理论,理论结合实践,以实践性教学为主线,穿插理论教学内容,同时完成基本概念知识的讲解。改变教师单向灌输的教学方式,让学生由被动地接收知识转变为主动地探究知识,变学生“被动参与”为“主动体验”,打开学生的视野。对教学模式进行创新,将感悟式实践性教学模式、体验式实践性教学模式以及问题研讨式实践性教学模式相结合。尤其要注意设计体验式活动,通过直接体验和间接体验,激发学生的参与兴趣,发挥主观能动性,增强求知欲望、创新意识和实践能力。

推进实践育人项目化建设。充分考虑地方经济文化发展和高校学生专业特点,设置可以充分发挥各自优势和可持续发展的项目。明确实践育人主体的责任分工、协调机制、保障机制和激励机制。加强课外实践的组织管理,积极探索校外合作模式,建构全方位的实践性教学评价管理体系,加强校外实践活动的管理。结合学校实际,通过专业课实践教学、第二课堂社会实践活动、创新创业教育、志愿服务、军事训练等载体,构建协同机制。[②] 采取多样化的组织模式开展思想政治教育实践活动,包括志愿者服务工作、社

---

① 张琛.实践育人共同体建设视域下的“多位一体”人才培养创新模式构建[J].才智,2019(35).

② 刘波,毛浩生,陈涛.高校实践育人体系构建路径研究[J].长江技术经济,2020(S1).

会考察活动、博览参观活动等,以适应多种教学理论实践的需要。分类组建一批实践性教学合作团队,在理论上引导学生,在形式上吸引学生,在效果上解决问题,进一步贴近实际、贴近生活、贴近学生,提高实践性教学的针对性和实效性。①

推进实践性教学信息化建设。积极探索融媒时代的实践性教学模式,推广和延伸实践育人的空间和时间维度。尝试开发实践育人共同体 App 或专题网站,组织项目申报、成果展示、经验推广,推进第二课堂成绩单网络平台系统建设工作等,不断凝练实践育人共同体的活动特色。突出网络虚拟实践,通过信息技术和各种学习资源主动构建知识。“传统课堂教学”与“MOOC 教学”优势互补,融合“线上”+“线下”混合式教学实践,构建移动式学习环境,大力推行智慧教学,为实践性教学的变革发挥重要的支撑作用。

3. 打造实践性教学的评估体系

建立一套操作性强而又科学合理的实践性教学评估体系,既是验证实践性教学模式有效性的重要环节,也是实践性教学效果评价与监督的重要方式。通过对实践性教学进行科学评估,发现并纠正实施过程中存在的问题,不断提升和加强实践性教学的管理和实施,才能将实践性教学引入制度化和规范化的轨道,保障实践性教学模式的良好运行。

(1)注重评价方式的多样化。坚持过程评价和效果评价相统一,坚持主观评价和客观评价相统一,坚持校内评价和校外评价相统一,“以学生为中心,以课题为导向,协作学习、共同评价”,打造与之相匹配的实践性教学评估体系。

(2)注重评价主体的多元化。包括对教师实践性教学的评价、对学生实践性学习的评价、对学院部门的管理评价、对合作单位的评价等,既要对各

① 张琛.实践育人共同体建设视域下的“多位一体”人才培养创新模式构建[J].才智,2019(35).

部门、各院校和学生的工作进行评价，也要对各参与主体的工作及成效进行客观评价。

(3)注重评估指标的个性化。强调评价的民主化和人性化的发展，重视被评价者的主体性与评价对个体发展的建构作用。重视知识以外的综合素质的发展，尤其是创新、探究、合作与实践等能力的发展，以适应人才发展多样化的需求，既坚持综合全面评估，又体现评估指标个性化。① 评估手段主要包括问卷调查法、完全调查法、抽样调查法、座谈法、个别访问式等。

(4)注重评价标准的科学化。制定规范的考核标准，对同类的评价对象必须要用同一标准，评价标准、指标、分值要合理。在短时期内，对同类评价对象的评价应该保持一致。增加开放式考核、分项考核、过程考核等考核方式，将定性分析和定量分析结合起来，将动态分析和静态分析结合起来，将终结性评价和形成性评价结合起来。②

(5)注重评价手段的数字化。推进实践性教学的全过程引导评价，利用线上数据平台全程参与，有效地实现过程管控和结果评价的统一。结合学生参与实践性教学平台的数据，进行科学合理的判断，将评教方式、比较内容以及评价程序相结合，通过综合能力、团队精神以及品德修养等综合考察，对学生的实践态度以及实践过程进行深入分析并做出综合评估。

4. 打造实践育人共同体

本着“优势互补、资源共享、互惠双赢、共同发展”的原则，整合多方育人资源，打造实践育人共同体。积极推进校内合作、校企合作、校地合作，打造多种形式的实践育人共同体，形成各负其责、各尽其责、密切配合的实践育

---

① 刘丹，陈仲堂. 基于混合式学习的学习过程评价体系的构建[J]. 创新创业理论研究与实践，2019(22).

② 刘丹，陈仲堂. 基于混合式学习的学习过程评价体系的构建[J]. 创新创业理论研究与实践，2019(22).

人新局面，发挥育人资源的集聚效应，形成实践育人的合力[①]，推动全员育人、全程育人、全方位育人。建设不同类型、不同层面的实践育人共同体。从起主导作用的方面来分，建设一批高校主导型、政府主导型、行业主导型、社区主导型实践育人共同体，发挥不同层面实践育人共同体的特点，形成优势互补；从合作的项目类别来分，建设一批创新创业类、文化传承类、志愿服务类等实践育人共同体，发挥不同性质实践活动的育人功能，形成载体合力。

（1）打造"创新创业类实践育人共同体"。整合实践资源，拓展实践平台，建立多种形式的社会实践、创业实习基地，为不同专业类型学生参与社会实践提供岗位和机会。依托地方就业创业基地的载体优势，开展实习就业实践、创新创业教育合作，切实提高学生职业素养和就业能力。[②] 探索建立"企业制学院"、订单式培养等创新校企深度融合的实践育人模式。例如，通过校企共建"交叉学科云平台实验室""人工智能与未来媒体实验室""VR 创作实验室"等平台，充分体现实践教学的"技术导向"和"实践价值"。

（2）打造"文化传承类实践育人共同体"。依托本地各类文化资源，深化校地、校企合作。与校外红色文化育人基地合作，建设线上教育平台，打造集预约、参观、讲解、体验和互动为一体的立体化爱国主义网络教育平台。[③] 例如，通过历史场景体验和实地调研相结合，体验"行走中的读书会""实践中的理论课堂"；邀请校外专家到校进行宣讲，开展"先进典型进校园"主题活动，用先进人物和榜样典型引导学生。

（3）打造"志愿服务类实践育人共同体"。拓展公益服务平台，引导学生参与公益活动、积极服务社会。以项目合作为抓手，与政府及社会力量合

---

① 张琛.实践育人共同体建设视域下的"多位一体"人才培养创新模式构建[J].才智,2019(35).
② 张琛.实践育人共同体建设视域下的"多位一体"人才培养创新模式构建[J].才智,2019(35).
③ 张琛.实践育人共同体建设视域下的"多位一体"人才培养创新模式构建[J].才智,2019(35).

作共建志愿服务基地，不断丰富基地类型，促进育人成效的进一步凸显。[1]积极开展“三下乡”实践活动，引导学生关注社会、关心民生，加强学生对社会主义核心价值观的认知认同。

深化实践性教学改革，不断适应新时期新要求，在实践育人共同体建设基础上不断创新方式方法，完善体制机制，全员参与和全程考核，提高实践育人工作水平，全面落实全员、全过程、全方位育人的要求，形成具有时代特色、符合学生需求的实践育人新格局。

二、学生社团建设

教育部、共青团中央 2005 年出台的《关于加强和改进大学生社团工作的意见》指出：“高校学生社团活动是实施素质教育的重要途径和有效方式，在加强校园文化建设、提高学生综合素质、引导学生适应社会、促进学生成才就业等方面发挥着重要作用，是新形势下有效凝聚学生、开展思想政治教育的重要组织动员方式，是以班级年级为主开展学生思想政治教育的重要补充。”[2]

学生社团是高校校园里一支活跃的队伍，作为课外实践主阵地，在大学生思想政治教育中发挥着重要的作用。学生社团活动是高校活动育人的有效载体，是一种无形的教育资源。在融媒时代“大思政”育人格局下，发挥高校学生社团在学生群体内部的创造性和影响力，通过开展丰富多彩的创业文化建设活动，能够有效补齐思想政治理论课的实践“短板”，从不同维度将理论小课堂同实践大课堂结合起来，形成互促互进的效果，推动“大思政”育人工作实效。

---

① 张琛. 实践育人共同体建设视域下的“多位一体”人才培养创新模式构建[J]. 才智,2019(35).
② 黄楚文. 高校共青团组织思想政治教育途径探索[J]. 肇庆学院学报,2011(3).

高校学生社团一般是指大学生基于自身的爱好、兴趣、信念和特长等，在学校指导下自愿组建、自主开展活动的学生组织，是高校中影响范围最广、参与人数最多的学生组织。学生社团的非营利性和非正式性使得学生有了更为宽广和自由的展示舞台和空间。学生能够在学生社团中更好地发挥他们的专业特长、兴趣爱好，发挥学生社团的自组织功能，提升学生的组织、交往、沟通、协调等全方位能力，帮助大学生提升综合能力和素养。

（一）学生社团的类型

按照社团活动内容和性质区分，学生社团可以分为以下几种类型：

（1）思想政治类社团。思想政治类社团一般由相同理想、信仰和志趣的大学生共同组成，具有较强的思想教育性和较高的政治导向性。[①] 通过融入与渗透科学的世界观、价值观、人生观及爱国主义、集体主义教育的内涵，成为思想政治教育的重要载体，为高校思想政治教育提供了一条有效途径。比如青年马克思主义研习社等。

（2）学术科技类社团。学术科技类社团是与专业兴趣相关，理论和实践并存的专业学习型社团，社团的成立与专业学习和专业技能领域联系紧密，是直接服务专业成长的。比如金融协会、科学技术协会、模具协会等。

（3）文体艺术类社团。文体艺术类社团主要是开展多种多样的文化、体育和艺术等方面活动的学生社团。这种类型的社团最受广大学生的关注和喜爱，具有很强的凝聚作用。比如舞蹈协会、足球协会、美术协会等。

（4）公益服务类社团。公益服务类社团以服务社会为主要目的，鼓励大学生参与各类实践和公益服务，提升大学生的社会责任意识。比如大学生志愿者协会、爱心支教社团等。

---

① 程靖. 改革开放以来大学生思想政治教育的基本经验[J]. 绥化学院学报，2015(12).

（二）学生社团的特性

融媒时代，学生社团组织的特性更加明显，具体说来包含以下几点：

1. 传播层级较少，活动参与率高

相对于正式组织金字塔式的、具有等级关系和严格传播内容的传播模式来说，大学生社团组织传播层级较少，不受严格的制度性结构压力约束，具有广泛性、平等性、自由性等特点。大学生凭借自己的兴趣爱好和特长自发、自主、自愿地加入社团，符合自身发展需求，社团成员更容易主动获取信息、积极参加活动、主动参与互动，组织黏性和凝聚力更强，活动参与率和效果也随之提高。个别社团影响力较小，凝聚力不强。

2. 社团组织松散，传播方式灵活

学生社团组织是以兴趣爱好结合在一起的松散组织，传播主体一般代表自己的立场、观点、意志进行传播与接受。主要呈双向互动式传播，信息反馈比较流畅，传播方式更为灵活。下行传播、上行传播、平行传播、组织间传播、组织成员间传播都比较频繁，不太受时间、地点和组织结构的影响。不仅能提高大学生的兴趣，提升学生的积极性，而且能够丰富学生的精神世界，提升学生的创造热情，在实践活动中锻炼和提高各方面的能力。

3. 活动内容多样，满足多元需求

社团组织通常以大学生的兴趣爱好和其他需求为主自发结合在一起，能够激发大学生的兴趣爱好和培养其他方面的技能，同时还起到促进大学生全面发展的作用，和思想政治教育的总体目标相吻合。来自不同年级、不同学科、不同专业、不同性别和不同民族的社团成员，给社团带来了新鲜血液，组织丰富多彩的社团活动，[①]以满足大学生的多元化需求。但社团信息传递随意性强，对负面消息的抵抗和消解能力不强，一旦把关不严，在特殊情境下容易导致偏激和失控。

（三）学生社团的建设

1. 科学组织社团活动，融入育人理念

深入挖掘思想政治教育的元素，确保社团活动具有更加丰富的教育内涵，使学生在参加社团活动中得到综合素质的提升。充分利用新媒体等各种载体的优势组织社团活动，通过微信群、QQ 群等，更加广泛、及时地收集意见，做好充分的调研工作，将社会主义核心价值观教育、理想信念教育、创新精神等理念，潜移默化地渗透到社团成员的思维中，促使社团活动的形式、内容受到成员的广泛欢迎。发挥社团活动在校风、学风、校园文化建设等方面的积极作用，让学生在社团活动中感受到校园文化的魅力，积极主动参与到各类校园文化活动中，从而起到引领青年、凝聚青年、服务青年的作用。

2 加强社团活动引导，深化育人成果

加强社团科学化、规范化的管理，制定出完善的学生社团管控机制，在社团活动主题、活动过程、管理制度等方面加以规范和引导，确保既定的活动目标能够顺利完成，取得预期的活动成果。学校要创造条件为学生社团提供经费、场地、活动时间等保障，采取一系列激励措施，深化育人成果。注重培养学生社团骨干成员，提升社团活动规范化管理水平。在创新活动内容上下功夫，突出活动内容的多样性和新颖性。结合学生的特点，以活动为

---

① 程靖. 改革开放以来大学生思想政治教育的基本经验[J]. 绥化学院学报，2015(12).

抓手，通过学生喜闻乐见的方式，化教育于无形，达到育人效果。

3. 及时总结活动心得，积累育人经验

掌握社团活动中凸显育人价值的相关经验、操作方法。要将创新意识融入社团建设，既要在社团活动的形式、内容上不断创新，又要在育人方式、精神内涵上不断丰富，确保所有社团成员身体得到锻炼，品德得到提升。要结合各学科课程教学内容及办学特色，充分利用课后时间组织学生开展丰富多彩的科技、文化、体育、志愿者等社团活动，拓宽学生课后服务途径，使学生积极参与、主动参加、享受社团活动。通过“百佳社团”评比等活动，帮助学生社团相互取经、不断完善，不断推进学生社团的发展。

4. 加强校内校外联系，增强实践价值

学生社团活动的凝聚力很强、影响力很大，并且和社会建立着良好的关系。社团活动作为学校文化建设的重要内容，成为帮助学生接触社会、适应社会生活的有效手段。在组织学生社团活动过程中，有必要面向社会、服务社会，增加社会性活动实践内容。通过生动活泼、入脑入心的社团活动，让学生在参与中体验，在体验中内化，在内化中感悟，在感悟中成长。加大学生社团活动的实践力度，充分发挥社团活动的应有教育之义，从而达到活动育人的目的。

高校学生社团是人才培育的重要渠道，是加强实践育人工作的重要载体，对推动高校思想政治教育工作发挥着重要的作用。深入挖掘其实践育人功能，通过优化社团管理制度建设，建设有特色的品牌社团活动，引发学生参与活动的兴趣，实现活动育人以及全面建设社团文化，创设实践活动育人的路径，推动活动育人载体形成强大合力。

参考文献

期刊类

[1]刘峰.浅谈加强大学生思想政治素质教育的重要性[J].思想政治教育研究,2004(4).

[2]周健锋,方杰.社交网站支持对大学生社交网站成瘾的影响:有调节的中介模型[J].心理技术与应用,2021(5).

[3]朱光烈.我们将化为“泡沫”——信息高速公路将给传播业带来什么?[J].现代传播,1994(2).

[4]胡泳,陈秋心.中国网络传播研究:萌芽、勃兴与再出发[J].新闻在线,2019(2).

[5]郭广.基于自媒体舆情的高校“思政+”育人模式探究[J].学校党建与思想教育,2020(9).

[6]许子明,田杨锋.云计算的发展历史及其应用[J].信息记录材料,2018(8).

[7]徐玉生,张云霞,郑宇.推进高校思政课与新媒体新技术高度融合[J].思想理论教育导刊,2018(5).

[8]胡玉宁,薛云云.融媒传播环境下高校思想政治教育话语权的变迁与形塑[J].思想教育研究,2017(9).

[9]陈央.媒介融合视域下高校思政的应对与变革[J].浙江工业大学学报(社会科学版),2020(6).

[10]张忠,丁果.后疫情时代中国电影产业的守正与创新[J].电影文学,2021(4).

[11]赵蔚.高校学报媒体融合现状与发展趋势[J].宁波大学学报(教育科学版),2017(6).

[12]丁伯铨.媒介融合:概念、动因及利弊[J].南京社会科学,2011(11).

[13]张宁,吴军伟.新媒体信息传播中的汉字视觉艺术呈现及发展[J].新闻爱好者,2019(9).

[14]喻国明.大数据方法:新闻传播理论与实践的范式创新[J].新闻与写作,2014(12).

[15]黄楚新.全媒体打造新数字传媒生态[J].现代视听,2019(5).

[16]宋建武,林洁洁.遵循新兴媒体发展规律 推动媒体融合向纵深发展[J].传媒观察,2019(4).

[17]贺大为.迈向全程、全息、全员、全效:现场云的媒体融合实践[J].中国记者,2019(2).

[18]苏明明."中央厨房"模式下人民日报的新闻生产方式研究——以十九大报道为例[J].视听,2018(10).

[19]唐绪军,黄楚新,刘瑞生.微传播:正在兴起的主流传播——微传播的现状、特征及意义[J].新闻写作,2014(9).

[20]栾轶玫.2007 年新媒体制度盘点[J].现代视界,2008(1).

[21]陈卓国.论新媒体背景下高校课程思政教学改革[J].学校党建与思想教育,2019(9).

[22]崔璨.融媒体时代高校思政教育的现实障碍与化解路径[J].传播力研究,2019(25).

[23]杨叶菊.媒体融合理念下高校思政课教师教学艺术的迭代原则[J].成都航空职业技术学院学报,2019(4).

[24]卞波,吴春梅.媒介融合背景下高校思想政治教育研究——以“学习强国”APP为例[J].黑龙江教师发展学院学报,2020(8).

[25]何寿林.高职院校媒体融合路径初探[J].新媒体研究,2018(21).

[26]方雅静.“融媒体”发展带来的高校学生就业工作挑战与机遇[J].中国大学生就业,2020(3).

[27]翟晨肖.校园融媒体平台建设的问题与对策[J].新闻研究导刊,2017(8).

[28]王亮,徐鹏.新媒体环境下高校思政教育路径优化[J].新闻战线,2018(11).

[29]隋飞.利用交互式网站提高大学生网络思想政治教育效果的思考[J].教育与职业,2008(32).

[30]张方.移动互联时代广电全媒体“两会”新闻报道创新探索[J].中国传媒科技,2019(2).

[31]季海菊.大数据时代高校思想政治教育的内容结构优化[J].学海,2017(6).

[32]顾海良.“双一流”建设要坚持以学科建设为基础[J].中国高等教育,2017(9).

[33]吴玉才,王仕松.新时代高校思想政治理论课教师教学能力提升研究——基于中部A省高校教师的调查[J].安徽理工大学学报(社会科学版),2020(4).

[34]侯惠勤.哲学与意识形态领导权[J].马克思主义研究,2019(3).

[35]郑海霞.新时代背景下提升研究生思政教育亲和力和针对性途径思考[J].才智,2021(5).

[36]徐建飞. 育人体系视阈下高校思政课教学质量提升研究[J]. 北京教育(高教),2021(3).

[37]刘红凛. 2035 远景目标:新的历史方位与新的时代使命[J]. 人民论坛·学术前沿,2021(1).

[38]陈来. 大力弘扬中华优秀传统文化[J]. 人民论坛,2018(9).

[39]井琪,崔宪涛. 传承和弘扬中华优秀传统文化——学习习近平总书记系列重要讲话体会之九十[J]. 前线,2015(7).

[40]林小烽. 日本新媒体动漫的发展状况及其特点[J]. 长沙理工大学学报(社会科学版),2012(2).

[41]王潇雨. 党报在新媒体时代前行——以《南方日报》为例[J]. 新闻传播,2012(12).

[42]高淑莲. 大数据背景下国外数据素养教育及启示[J]. 图书馆研究,2015(6).

[43]吴俊蓉. 从中国梦主题教育活动看思想政治教育创新[J]. 河北联合大学学报(社会科学版),2013(6).

[44]庞培. 浅谈网络新媒体对人们思维方式的影响[J]. 新闻研究导刊,2017(17).

[45]蒋朝莉,姜莹莹. 新时代大学生媒介素质提升的路径探索——以习近平新媒体观为视角[J]. 绵阳师范学院学报,2019(1).

[46]张怡微. 新媒体时代下高校校园文化建设的机遇、挑战与对策[J]. 新闻研究导刊,2020(8).

[47]方非. 我国思维科学发展状况简介[J]. 文艺研究,1989(6).

[48]张平. 习近平新媒体观论析[J]. 深圳社会科学,2020(4).

[49]贾小爽. 新媒体时代下校园文化建设的机遇、挑战和对策[J]. 山西煤炭管理干部学院学报,2013(3).

[50]邢丹,张维佳.以活动为载体的高校文化育人平台建设探究[J].文化创新比较研究,2020(9).

[51]赵锋,孔军,陈广宇,等.立德树人为什么——深入学习习近平总书记关于教育的重要论述[J].北京教育(高教),2021(3).

[52]习近平.思政课是落实立德树人根本任务的关键课程[J].求是,2020(17).

[53]卢黎歌,吴凯丽.课程思政中思想政治教育资源挖掘的三重逻辑[J].思想教育研究,2020(5).

[54]李春根,仇泽国.高校课程思政元素的挖掘与育人功能——以《社会保障学》为例[J].中共南昌市委党校学报,2021(1).

[55]王红霞,陈圣磊."三全育人"视阈下电子商务专业课程思政建设的实践与探索——以"电子商务项目策划与管理"为例[J].黑龙江教育(理论与实践),2021(2).

[56]韩淼.基于慕课和雨课堂的高校思政课混合式教学——以"毛泽东思想和中国特色社会主义理论体系概论"慕课为例[J].现代教育技术,2018(7).

[57]曲媛媛,张淼,崔春晓.线上线下混合式教学模式在组织学与胚胎学中的应用研究[J].智库时代,2019(37).

[58]罗映红.高校混合式教学模式构建与实践探索[J].高教探索,2019(12).

[59]刘颖,蒋拓,王兆丹.基于移动端的智慧课堂混合式教学模式的研究与实践[J].课程教育研究,2019(16).

[60]王效为.关于高校思政课实践教学的几点思考[J].中国科教创新导刊,2013(8).

[61]刘波,毛浩生,陈涛.高校实践育人体系构建路径研究[J].长江技术经济,2020(S1).

[62]张琛.实践育人共同体建设视域下的“多位一体”人才培养创新模式构建[J].才智,2019(35).

[63]刘丹,陈仲堂.基于混合式学习的学习过程评价体系的构建[J].创新创业理论研究与实践,2019(22).

[64]黄楚文.高校共青团组织思想政治教育途径探索[J].肇庆学院学报,2011(3).

[65]程靖.改革开放以来大学生思想政治教育的基本经验[J].绥化学院学报,2015(12).

[66]吕建楚.深融合 强交互 重体验——浙江广电集团融媒传播的实践与启示[J].新闻战线,2018(4).

[67]高锡文.基于协同育人的高校课程思政工作模式研究——以上海高校改革实践为例[J].学校党建与思想教育,2017(24).

[68]徐艳国.以精准思维深入推动新时代高校思政改革[J].中国高等教育,2019(1).

著作类

[1]温怀疆,何光威,史惠,等.融媒体技术[M].北京:清华大学出版社,2016.

[2]任国杰.童子问易[M].北京:人民出版社,2013.

[3]马诺维奇.新媒体的语言[M].车琳,译.贵阳:贵州人民出版社,2020.

[4]张成良.融媒体传播论[M].北京:科学出版社,2019.

[5]《思想政治教育学原理》编写组.思想政治教育学原理[M].北京:高等教育出版社,2016.

[6]中共中央文献研究室.习近平关于全面深化改革论述摘编[M].北京:中央文献出版社,2014.

[7]宫承波.新媒体概论[M].北京:中国广播影视出版社,2020.

[8]唐钧. 新媒体时代的应急管理与危机公关[M]. 北京:中国人民大学出版社,2018.

[9]陈龙. 大众传播学导论[M]. 苏州:苏州大学出版社,2006.

[10]唐绪军. 中国新媒体发展报告 NO. 10,2019[M]. 北京:社会科学文献出版社,2019.

[11]欧阳友权. 数字媒介下的文艺转型[M]. 北京:中国社会科学出版社,2011.

[12]金梦玉. 融媒体时代下的传媒教育[M]. 北京:中国广播影视出版社,2014.

[13]黄楚新. 新媒体:微传播与融媒发展[M]. 北京:人民日报出版社,2017.

[14]程宏. 大时代的融媒体营销[M]. 北京:中国传媒大学出版社,2013.

[15]王宏. 融媒体实务[M]. 北京:中国传媒大学出版社,2020.

[16]蔡雯. 融媒体建设与创新[M]. 北京:中国人民大学出版社,2020.

[17]杨新莹. 融媒体环境下高校思政课改革创新研究[M]. 北京:经济日报出版社,2021.

[18]任雅仙. 融媒体环境下的网络舆论研究[M]. 北京:中国社会科学出版社,2020.

学位论文类

[1]张筱涵. 利用融媒体促进大学生思想政治教育传播研究[D]. 成都:成都理工大学,2016.

[2]季海菊. 新媒体时代高校思想政治教育研究[D]. 南京:南京师范大学,2013.

[3]潘慧. 城市设计的数字化生存[D]. 长春:吉林建筑大学,2015.

网页媒体类

[1]王金海. 高校践行社会主义核心价值观十个路径[N]. 光明日报,2016-09-13.

[2]专家析中国媒体发展趋势:融媒体时代正到来[EB/OL]. (2016-07-10)[2022-03-20]. http://www. cankaoxiaoxi. com/china/20160710/1225238. shtml.

[3]党的十九届五中全会公报速览[EB/OL]. (2020-10-29)[2022-03-20]. http://www. xinhuanet. com/2020-10/29/c_1126672860. html.

[4]习近平:把思想政治工作贯穿教育教学全过程[EB/OL]. (2016-12-08)[2022-03-20]. http://www. xinhuanet. com/politics/2016-12/08/c_1120082577. htm? agt = 8.

[5]教育部等八部门关于加快构建高校思想政治工作体系的意见[EB/OL]. (2020-04-28)[2022-03-20]. http://www. moe. gov. cn/srcsite/A12/moe_1407/s253/202005/t20200511_452697. html.

[6]大数据[EB/OL]. [2022-03-20]. https://baike. baidu. com/item/% E5% A4% A7% E6% 95% B0% E6% 8D% AE/1356941? fr = aladdin.

[7]驯服大数据的4个V[EB/OL]. (2012-10-17)[2022-03-20]. http://blog. sina. com. cn/s/blog_737e2f810101a6nw. html.

[8]大数据浅谈[EB/OL]. (2020-05-20)[2022-03-20]. https://zhuanlan. zhihu. com/p/142215998.

[9]大数据:未来的新石油[EB/OL]. [2022-03-20]. http://app. ceweekly. cn/? app = article&controller = article&action = show&contentid = 30907.

[10]你所不知道的数据分析[EB/OL]. (2015-10-24)[2022-03-20]. https://jingyan. baidu. com/article/1e5468f902df70484961b7b2. html.

[11]偷偷告诉你:什么是大数据[EB/OL]. (2017-05-21)[2022-03-20]. https://blog. csdn. net/CaiXinQiWorld/article/details/72598460.

[12]5g 与 4g 的区别在哪[EB/OL].(2020-03-11)[2022-03-20]. https://product. pconline. com. cn/itbk/top/1326/13265487. html.

[13]加快推动媒体融合发展 构建全媒体传播格局[EB/OL].(2019-03-15)[2022-03-20]. https://baijiahao. baidu. com/s? id = 1628056519480311107&wfr = spider&for = pc.

[14]主流媒体全面挺进短视频主阵地[EB/OL].(2021-06-08)[2022-03-20]. https://baijiahao. baidu. com/s? id = 1701935046362371976&wfr = spider&for = pc.

[15]习近平:推动媒体融合向纵深发展[EB/OL].(2019-01-25)[2022-03-20]. https://baijiahao. baidu. com/s? id = 1623627024428154480&wfr = spider&for = pc.

[16]融媒体时代,网络直播让科技类节目焕发新的生命力[EB/OL].(2019-07-25)[2022-03-20]. http://www. cmcj. com. cn/show. php? id = 377&channel = 2.

[17]新媒体时代电视媒体的转型升级策略研究[EB/OL].(2017-08-31)[2022-03-20]. http://media. people. com. cn/n1/2017/0831/c414067-29506558. html.

[18]习近平总书记谈媒体融合发展十大“金句”[EB/OL].(2019-01-28)[2022-03-20]. http://www. xinhuanet. com/zgjx/2019-01/28/c_137780302. html.

[19]整容低龄化趋势亟待有效干预[EB/OL].(2018-09-12)[2022-03-20]. http://health. people. com. cn/n1/2018/0912/c14739-30287433. html.

[20]雷军晒最“BT”的小米团队:所有工程师都会化妆[EB/OL].(2017-09-25)[2022-03-20]. https://baijiahao. baidu. com/s? id = 1579515384600215319&wfr = spider&for = pc.

[21]习近平:加快推动媒体融合发展 构建全媒体传播格局[N/OL]. 人民日报, 2019-3-15 [2022-03-20]. https://baijiahao.baidu.com/s?id=1628062181034138166&wfr=spider&for=pc.

[22]人工智能时代新闻传播事业的守正创新[EB/OL]. (2019-12-16)[2022-03-20]. https://baijiahao.baidu.com/s?id=165303380553578743 8&wfr=spider&for=pc.

[23]习近平 1.25 谈媒体融合发展十大“金句”[EB/OL]. (2019-03-05)[2022-03-20]. http://jhsjk.people.cn/article/30957671.

[24]关于媒体融合,总书记这样说[EB/OL]. (2016-02-20)[2022-03-20]. http://www.xinhuanet.com/politics/2016-02/20/c_128736695.html.

[25]习近平:思政课是落实立德树人根本任务的关键课程[EB/OL]. (2020-08-31)[2022-03-20]. https://baijiahao.baidu.com/s?id=1676524123336017784&wfr=spider&for=pc.

[26]大学生网络游戏调查:超三成因为玩游戏熬过夜[EB/OL]. (2019-04-16)[2022-03-20]. https://baijiahao.baidu.com/s?id=1630954849522192284&wfr=spider&for=pc.

[27]第 48 次中国互联网络发展状况统计报告[EB/OL]. (2021-09-15)[2022-03-20]. http://www.cnnic.net.cn/hlwfzyj/hlwxzbg/hlwtjbg/202109/t20210915_71543.html.

[28]加快推动媒体融合发展 构建全媒体传播格局[EB/OL]. (2019-03-15)[2022-03-20]. https://baijiahao.baidu.com/s?id=162805651948031110 7&wfr=spider&for=pc.

[29]习近平:思政课是落实立德树人根本任务的关键课程[EB/OL]. (2020-08-31)[2022-03-20]. http://www.gov.cn/xinwen/2020-08/31/content_5538760.html.

[30]中青年干部“开学第一课”,习近平重点讲了“斗争”[N/OL]. 人民日

报,2019-09-04 [2022-03-20]. https://baijiahao. baidu. com/s? id = 1643697910578892960&wfr = spider&for = pc.

[31]习近平向第六届世界互联网大会致贺信[N/OL]. 人民日报,2019-10-20 [2022-03-20]. https://baijiahao. baidu. com/s? id = 1647879962562202671&wfr = spider&for = pc.

[32]这古装剧是反诈宣传片！网友:为了反诈 国家反诈中心煞费苦心[EB/OL]. (2021-09-19)[2022-03-20]. http://k. sina. com. cn/article_6393904893_v17d1b3efd02000u0ol. html.

[33]中国文联第十次全国代表大会[EB/OL]. (2011-11-30)[2022-03-20]. http://www. gov. cn/xinwen/2016-11/30/content_5140638. html.

[34]习近平:坚持正确方向创新方法手段 提高新闻舆论传播力引导力[EB/OL]. (2016-02-19)[2022-03-20]. http://www. xinhuanet. com//politics/2016-02/19/c_1118102868. html.

[35]我国必须走自己的高等教育发展道路[N/OL]. 京华时报,2016-12-09 [2022-03-20]. http://inews. ifeng. com/mip/50386970/news. shtml.

[36]习近平回信勉励全国高校黄大年式教师团队代表[EB/OL]. (2021-09-09)[2022-03-20]. http://www. moe. gov. cn/jyb_xwfb/s6052/moe_838/202109/t20210909_561248. html.

[37]关于媒体融合,总书记这样说[EB/OL]. (2016-02-20)[2022-03-20]. http://www. xinhuanet. com/politics/2016-02/20/c_128736695. html.

[38]刘奇葆. 推进媒体深度融合 打造新型主流媒体[N/OL]. 人民日报, 2017-01-11 [2022-03-20]. http://www. xinhuanet. com/newmedia/2017-01/11/c_1120285034. html.

[39]习近平:加快推动媒体融合发展 构建全媒体传播格局[N/OL]. 人民日报,2019-03-15 [2022-03-20]. https://baijiahao. baidu. com/s? id = 1628062181034138166&wfr = spider&for = pc.

[40]习近平:决胜全面建成小康社会 夺取新时代中国特色社会主义伟大胜利——在中国共产党第十九次全国代表大会上的报告[EB/OL].(2017-10-27)[2022-03-20]. https://www.12371.cn/2017/10/27/ARTI1509103656574313.shtml.

[41]教育部关于印发《新时代高校思想政治理论课教学工作基本要求》的通知[EB/OL].[2022-03-20]. http://www.moe.gov.cn/srcsite/A13/moe_772/201804/t20180424_334099.html.

[42]习近平新时代中国特色社会主义思想的鲜明时代性[N/OL].光明日报,2019-09-27[2022-03-20]. http://theory.people.com.cn/n1/2019/0927/c40531-31375911.html.

[43]习近平:坚持正确方向创新方法手段 提高新闻舆论传播力引导力[EB/OL].(2016-02-19)[2022-03-20]. http://www.xinhuanet.com//politics/2016-02/19/c_1118102868.htm.

[44]总书记新闻舆论金句——适应舆论生态新变化[EB/OL].(2019-10-15)[2022-03-20]. http://yuqing.people.com.cn/n1/2019/1015/c430404-31401760.html.

[45]习近平谈媒体融合发展:关键在融为一体、合而为一[EB/OL].(2018-08-22)[2022-03-20]. http://media.people.com.cn/n1/2018/0822/c40606-30244361.html.

[46]习近平强调推动传统媒体和新兴媒体深度融合[EB/OL].(2014-08-18)[2022-03-20]. http://m.haiwainet.cn/middle/3541083/2017/0418/content_30866780_1.html.

[47]习近平:创新改进网上宣传 把握网上舆论引导的时度效[EB/OL].(2014-02-28)[2022-03-20]. http://www.cac.gov.cn/2014-02/28/c_126205895.htm.

[48]把握好舆论引导“时度效”,让网络清朗[EB/OL].(2014-02-28)[2022-

03-20]. http://media. people. com. cn/n/2014/0228/c40606-24488209. html.

[49]习近平在全国高校思想政治工作会议上强调:把思想政治工作贯穿教育教学全过程 开创我国高等教育事业发展新局面[EB/OL]. (2016-12-09) [2022-03-20]. http://dangjian. people. com. cn/n1/2016/1209/c117092-28936962. html.

[50]习近平:高校立身之本在于立德树人[EB/OL]. (2016-12-09) [2022-03-20]. http://www. xinhuanet. com/mrdx/2016-12/09/c_135892530. htm.

附　录

一、苏州市职业大学相关文件

中共苏州市职业大学委员会
《关于进一步加强和改进新形势下思想政治工作的实施意见》

苏职大委〔2017〕24号

为了深入贯彻全国、全省高校思想政治工作会议精神和习近平总书记系列重要讲话精神，进一步落实中共中央、国务院和省委、省政府印发的《关于加强和改进新形势下高校思想政治工作的意见》，结合学校实际，现就进一步加强和改进新形势下我校思想政治工作，提出如下意见。

一、重要意义、基本原则和总体思路

1. 重要意义。高校肩负着人才培养、科学研究、社会服务、文化传承创新的重要使命。加强和改进高校思想政治工作，事关办什么样的大学、怎样办大学的根本问题，事关党对高校的领导，事关中国特色社会主义事业后继有人，是一项重大的政治任务和战略工程。坚持党对学校工作的全面领导，发挥思想政治工作在改革发展中的统领、凝聚、推动作用，对于主动应对当前学校工作面临的新挑战新课题，团结激发广大师生员工奋进向上的精神状态，落实省、市“两聚一高”战略要求，统筹做好学校改革发展稳定各项工

作,为实现学校“十三五”规划和“应用型地方本科院校”建设目标,具有十分重要的意义。全校各级党组织和广大党员干部要充分认识思想政治工作在学校全局工作中的地位作用,不断增强做好思想政治工作的责任感。

2. 基本原则。(1)坚持党对高校的领导。落实全面从严治党要求,把党的建设贯穿始终,着力解决突出问题,维护党中央权威、保证党的团结统一,牢牢掌握党对高校的领导权。(2)坚持社会主义办学方向。坚持马克思主义指导地位,坚持以人民为中心的发展思想,更好为改革开放和社会主义现代化建设服务、为人民服务。(3)坚持全员全过程全方位育人。把思想价值引领贯穿教育教学全过程和各环节,形成教书育人、科研育人、实践育人、管理育人、服务育人、文化育人、组织育人长效机制。(4)坚持把握规律。遵循教育规律、思想政治工作规律、学生成长规律,把握师生思想特点和发展需求,注重理论教育和实践活动、普遍要求和分类指导结合起来,提高工作科学化、精细化水平。(5)坚持改革创新。推进理念思路、内容形式、方法手段创新,增强工作时代感和实效性。

3. 总体思路。高举中国特色社会主义伟大旗帜,全面贯彻党的十八大和十八届三中、四中、五中、六中全会精神,以马克思列宁主义、毛泽东思想、邓小平理论、“三个代表”重要思想、科学发展观为指导,深入学习贯彻习近平总书记系列重要讲话精神,切实加强和改善党的领导,全面提升思想政治工作水平,紧密团结在以习近平同志为核心的党中央周围,牢固树立“四个意识”,全面贯彻党的教育方针,以立德树人为根本,以理想信念教育为核心,以社会主义核心价值观为引领。坚持“成就教师”和“成就学生”两个立足点,校党委、学院(部)党总支、基层党支部三级联动,引导教师实现“四个统一”,教育学生树立“四个正确认识”,坚持以解决问题为导向,采取各种有效措施切实化解工作中的难点和问题,着力提升思想政治教育针对性和亲和力、时代性和吸引力、引导性和说服力、创造性和竞争力。完善大思政工作格局,将理想信念教育与基本道德教育相结合,有形载体教育与无形渗透教育相结合,办实事感召教育与日常教育相结合,为苏州地方经济社会发展培养又红又专、德才兼备、全面发展的高技能应用型人才队伍。

二、强化价值引领和思想政治工作

4. 加强师生员工的理想信念教育。着眼于提升师生思想政治素质,把理想信念教育放在首位。学校党委坚持把学习习近平总书记系列重要讲话精神和党中央部署作为首要议题,不断提高领导班子成员的政治素养和理论水平。引导师生深刻领会党中央治国理政新理念、新思想、新战略,坚定中国特色社会主义道路自信、理论自信、制度自信、文化自信,树立中国特色社会主义共同理想。学校党委定期听取宣传等部门关于师生思想动态、意识形态情况专题报告,专题调研各院(部)思想政治工作情况,有计划、分层次举办学习研讨班、培训班。每年召开思想政治工作年会,交流经验,统筹协调部署推进工作。把社会主义核心价值观教育作为重要内容有机融入到学校的规章制度之中。围绕社会主义核心价值观 24 字,开展“一月一主题一项目”活动,征集宣传教育活动创新案例。坚定政治方向,找准问题要害,增强阵地意识,突出学生主体地位,把立德树人作为培养学生健康成长的重中之重,增强思想政治工作的针对性和实效性。

5. 加强和完善党委中心组学习制度。学校党委中心组每年制定专题学习计划,组织 10 次以上集中学习,院(部)中心组每年组织 4 次以上集中学习。党员干部要带头学习贯彻习近平总书记系列重要讲话精神,组织专题研讨、撰写心得体会,把学习活动落到实处。充分发挥形势政策报告会、哲学社会科学论坛、专题报告会等思想政治工作阵地作用。把加强国家意识、法治意识、社会责任意识和民族团结进步、国家安全、科学精神教育、生命健康教育,纳入日常教育活动体系。积极利用各宣传节点组织师生开展相关专题活动,为大学生提供全面的关爱服务。

6. 加强思想政治理论课建设。学校党委书记是思想政治理论课建设的第一责任人，书记、校长和分管校领导对落实思想政治理论课在学校教育教学体系中的重点建设地位，负有政治责任和领导责任。学校要按照《全国大学生思想政治教育工作测评体系》等相关文件精神组织思政课教学，加强思政师资队伍建设，采取集体备课和个人钻研相结合、名师引领和交流研讨相结合、示范观摩和集中培训相结合的方式，创新讲授内容，改革教学方法，切实提高思想政治理论课的教学质量和效果。拓宽思路，推进思政理论课“五个一工程”。每年由党委书记、校长和院（部）主要负责人为学生讲一次思想政治理论课；邀请有较高理论素养和丰富实践经验的党政干部讲好一堂课；知名专家学者开设一次讲座；校外优秀思想政治理论课教师讲授一门课程；结合文化传承与创新，邀请非遗传承人开设一次专题讲座。

7. 加强课堂教学管理和教师师德建设。把好课堂教学的政治方向，把坚持党的基本路线、坚持党的教育方针、坚持立德树人始终作为教师开展教育教学活动的基本要求，强化教学纪律约束机制，强调“学术研究无禁区、课堂讲授有纪律、公开言论有规矩”，加强对讲座、论坛、报告等活动的审核，决不允许突破政治底线、法律底线、道德底线的情况在任何课堂讲台上出现。健全课堂教学管理和督导机制，完善课程设置管理与审批制度，加强对各类课堂教学的督导工作，将课堂教学的思想政治表现纳入教师教学质量评价体系。引导和教育广大教师以德立身、以德立学、以德施教，努力成为先进思想文化的传播者、共产党执政的坚定支持者。注重发挥师德楷模、名师大家、学术带头人的引领示范作用，发挥高层次人才在思想引领方面的积极作用。开展“四有”好老师的宣传教育，加强师德师风建设，实施师德“一票否决”制。广泛开展“创新争先、创优争光”活动，定期开展评选校园“最美教师”、“优秀教师”活动，弘扬爱岗敬业、淡泊名利、甘于奉献、勇于创新的高尚品德。

8. 发挥哲学社会科学方向引领、价值引领作用。坚持马克思主义立场观点方法，坚持中国特色和国际视野，充分发挥哲学社会科学在方向引领、价值引领、知识传递、文化传承、创新探索方面的作用和研究功能，帮助学生牢固树立和坚定建设中国特色社会主义、实现共产主义的理想信念，提高学生知识和文化素养，增强其文化认同感和民族自豪感。探索建设大学生思想政治教育与实践研学中心、大学生形势与政策教育信息中心等育人特色平台，积极打造学术研究、政策咨询、技术支撑三位一体的新型特色“石湖智库”。依托学校“工程哲学研究中心”，深入研究“现代工匠精神”，培育更多具有职业精神的新一代卓越工程师。

9. 加强思想政治工作队伍建设。建立健全选拔、培养、管理、实践机制，积极推进党务工作、思想政治工作、思想政治理论课和哲学社会科学课教师、辅导员、班主任、心理咨询教师等队伍建设。加大思想政治工作骨干队伍建设力度，加大培训力度，积极推进党务工作、思想政治工作和辅导员队伍专业化、职业化建设，形成一支专职为主、专兼结合、素质优良、坚强有力的思想政治工作队伍。突出抓好青年教师的思想政治工作，关心青年教师的思想、工作和生活状况，把思想教育与解决实际问题结合起来。进一步推进中青年干部、教师参与社会实践和校外挂职锻炼，青年教师党员必须有担任辅导员、班主任的工作经历。

10. 建立健全思想政治工作评价体系。坚持定性分析与定量分析相结合、工作评价和效果评估相结合，加强思想政治工作制度化建设。实施校、院（部）两级党组织书记抓思想政治工作述职评议考核制度，将考核结果和有关情况作为领导班子建设、干部目标管理、实绩考核、经费配给等的重要内容。对党的建设和思想政治工作弱化、履行责任不力的党组织和领导干部，要追究主体责任和领导责任。

三、加强意识形态工作和阵地建设

11. 坚持意识形态工作守土有责。学校是意识形态工作的前沿阵地，必须牢牢把握意识形态工作的主动权和领导权，守土有责、守土负责、守土尽责。校党委对学校意识形态工作负有主体责任，要把好政治方向，严守政治纪律和政治规矩，严守组织纪律和宣传纪律，坚决维护党中央权威。各院（部）党总支要旗帜鲜明地站在意识形态工作第一线，带头抓意识形态工作，带头抓阵地、抓导向、抓队伍，敢于批评错误观点和错误倾向，做到重要工作亲自部署、重要问题亲自过问、重大事件亲自处置。

12. 加强意识形态领域情况的分析研判。党委会每年专题研究学校意识形态工作，通过教代会、双月座谈会、专题调研会，了解师生思想关注热点及实际困难，责成相关部门按期提出解决方案，将思想政治工作与为师生办实事结合起来。各院（部）党总支要定期分析师生思想动态，及时研判意识形态工作，辨析思想文化领域的突出问题，对重大事件、重要情况、重要社情民意中的倾向性苗头性问题，及时向校党委汇报并有针对性地开展工作，坚决维护学校意识形态安全稳定。

13. 加强意识形态阵地建设。积极打造具有苏职大特色的新媒体思想政治工作平台，形成课上课下、线上线下相互呼应、协同运行的工作机制和工作合力，唱响思想政治工作主旋律。按照教育部党组有关文件精神，规范信息公开和新闻发布制度，创新媒体平台信息发布与协同管理机制，提升舆论危机应对能力。深化开展“媒介素养进校园”活动，以强化思想政治引领为主线，加强校园网络文化平台建设和“校园之声”广播台系统管理，指导各学院（部）现有网站相关建设，形成一批导向正确、特色鲜明的思想宣传网站、微信公众号平台，打造风清气正的校园网络空间，把互联网新媒体建设成为培育和弘扬社会主义核心价值观的新阵地。建立网络思想宣传分级管理体系，建设一支专兼职人员结合、品格作风能力过硬的校园网络思想政治工作骨干队伍。严格管理校内各类宣传品印制场所、校园橱窗、海报栏等宣传设施。

四、推进学校文化建设与创新

14. 打造文化育人特色品牌。以获评“江苏省文明校园”为契机,形成一种培育性的文化氛围。积极策划“思政工作 +”模式,探索研究融地域文化、职业文化、校园文化、社团文化为一体的校园文化育人模式,精心推出一批校园文化精品,形成“有实效、有特色、有影响、看得见、能推广”的学校文化品牌。立足“文明校园、文化建设、服务师生”的思路,按照统一规划、分步实施的原则,实施文明校园建设提升“三年行动计划”,通过文化建设品位提升,为师生创造更好的学习生活条件。

15. 强化以文化人功能。继承并创新发展“勤勇忠信”校训的励志教育,通过校史馆、校友馆、科技档案馆、图书馆、体育馆、顾野王园等载体,研究办学历史,挖掘时代内涵与价值,选取各领域内的杰出校友和行业精英事迹作为榜样激励,将学校历史和贡献作为新生入学教育第一课,传承历代职大人爱国、奉献、科学的精神,勤奋、踏实、苦干的作风,精确、严谨、卓越的态度。不断提炼学校文化精神气质,让广大学生感受先辈创业的艰辛历程,培养知恩感恩、追比先贤的精神品质。组织师生参观校园文化建设的人文品牌——国家级大学生文化素质教育基地吴文化园,使师生感受吴地历代先贤的强国梦想、爱国情怀和奉献精神,营造浓郁的文化育人氛围。

16. 拓宽渠道加强实践育人。实践育人是思想政治教育的重要组成部分。坚持理论联系实际,积极开展师生实践教育教学改革,创新实践教学模式,深入开展社会实践,结合校企合作,产教深度融合,推进协同育人体系建设。建立一批师生社会实践教育基地,鼓励广大干部和师生到社会生活中接受锻炼,体验生活,了解党情国情社情民情,用辩证思维去审视现实社会、认识当代中国、把握发展规律,在理论与实践结合中增强“四个自信”,提高报效国家社会的能力和自觉性。

17. 丰富文化育人活动载体。坚持以德立人、以情感人、以理服人,加强学生日常教育管理,关心关爱学生成长。通过开展职业生涯节、心理健康节、入学和毕业教育、校园阅读节、高雅艺术进校园等主题活动,引导和鼓励教职工积极参与思想政治工作和文化建设,做学生成长成才的指导者和引路人,引导广大学生争做“勤学、修德、明辨、笃实”的优秀青年。积极发挥共青团、学生会和学生社团作用,实施共青团“强基工程”和“青马工程”建设,优化党建带团建机制。加强阳光体育活动,增强学生身体素质。

18. 加强校园文化环境建设。重视校园环境建设,强化公共教育文化场馆育人功能,扩大社会辐射度和影响力。通过开展文明课堂、文明寝室、文明食堂、文明校园等建设活动,培育关爱学生、尊师重教、注重礼仪、团结互助、友爱他人的思想品德,使校园环境的使用功能、审美功能、教育功能达到和谐统一。切实做好学校人文长廊和思政工作、党建工作、廉政建设等主题宣传长廊建设,以及校园健身步道、“一站式”学生事务与发展中心、抗挫折教育体验馆、应急救护基地工程(三期)、教师服务中心等实事工程项目,提升服务师生的能力和水平。

五、切实加强对思想政治工作的组织领导

19. 健全学校思想政治工作领导体制和工作机制。构建全员、全方位、全过程的思想政治教育体系,切实加强党委对思想政治工作的领导,建立由党委书记主持,党委成员以及宣传部、组织部、学工处、教务处、总务处、保卫处、工会、共青团等有关职能部门负责人参加的思想政治工作联席会议制度,定期研究工作,部署任务,落实措施,协调力量,形成党委统一领导,各单位密切配合,党政工团齐抓共管的领导体制和工作机制。党委书记担负全校思想政治工作第一责任人的职责,校长对学生全面发展负责。宣传部门作为党委主管思想政治工作的职能部门,要根据学校的中心任务和师生的思想实际,制定计划和工作制度,提出学校思想政治工作的任务并督促落实。学生工作部门是组织各院(部)具体实施大学生思想政治教育的职能

部门,学校各有关部门和工会、共青团等群团组织,要发挥桥梁和纽带作用,根据自身特点做好师生员工思想政治工作。统战部门及各民主党派要充分发挥自身优势,配合做好所联系群众特别是高级知识分子的思想政治工作。

20. 强化工作落实的督促检查。各部门、各学院(部)要对照本《实施意见》,明确责任分工,抓好工作落实,加强督促检查。各牵头部门和配合单位要细化分解任务,明确各项任务完成的时间节点,创新工作举措,改进工作办法,及时评估工作效果,不断提升思想政治工作水平。各责任部门要坚持问题导向,找准工作抓手,积极鼓励基层党支部和广大师生创新形式和载体,上下互动、分类指导、分层实施,统筹协调推进,将各项任务落到实处,推动我校思想政治工作不断上新水平、取得新成效。

(来源:中共苏州市职业大学委员会,2017 年 4 月 20 日)

苏州市职业大学团属新媒体平台建设与管理办法

苏职大团〔2020〕10号

第一章　总则

第一条　为推动我校团属新媒体平台运行管理工作的规范化、制度化、科学化，建立健全团属新媒体工作机制，充分发挥团属新媒体在思想引领、文化传播、风采展示、信息服务以及展现学校形象等方面的积极作用，根据《关于加强共青团网络宣传引导工作的实施意见》、《高校共青团改革实施方案》、全国高校思想政治教育工作会议精神，结合学校实际，特制定本办法。

第二条　本办法所指的团属新媒体平台为校团委、各学院(部)团委及其指导的学生会组织、学生社团、班级团支部等开通运行的网络新媒体平台，包括但不限于微信、微博、QQ公众平台、网络直播平台、数字出版物以及其他各类APP移动客户端等。

第三条　各级团组织要积极推进共青团互联网转型，打造微信、微博、QQ、网站等新媒体阵地集群，加强平台运行管理和网络文化内容供给，深化思想政治教育，强化思想引领功能。

第四条　团属新媒体建设与管理必须严格遵守国家各项法律法规，遵守学校各项规章制度。各级团属新媒体建设与管理单位需建立健全管理制度和运行机制，包括建立责任体系、完善工作队伍、落实发布审核机制、细化工作流程等。

第二章　平台备案与管理

第五条　实行新媒体平台备案制度。各级各类团属新媒体平台均须向校团委申报备案，填写提交《苏州市职业大学团属新媒体平台备案登记表》（附件）。校级团学组织新媒体平台由校团委进行审批备案；各学院（部）及其下属团属新媒体平台，由各学院（部）团委进行审批备案，并将备案情况定期报送校团委。

第六条　严格新媒体平台开通审批。团属新媒体平台的开通应本着“非必要不开通”的原则。在申请开通时，申请组织须具备以下条件方可开通、运营：有规范的管理制度和运行机制；有专门的指导老师；有5人以上的运营团队；能够定期进行内容更新；符合学校新媒体开通其他相关条件。团属新媒体平台通过审批备案方可开通运行。本办法公布前已开设运营的新媒体平台，请按第五条规定补充填写提交备案登记表。

第七条　实施新媒体平台分级管理制度。严格遵循“谁主办、谁负责，谁审批、谁监管”的原则，校级团学组织创建的新媒体平台归属校团委管理，校团委负责同志是第一责任人；院级团委、学生会组织、学生社团、团支部创建的新媒体平台归属所在学院（部）团委管理，学院（部）团委书记是第一责任人。

第八条　注重新媒体管理制度和运营团队建设。建立健全团属新媒体管理制度，以制度形式规范运营管理、内容发布审核、运营团队建设，确保官方新媒体平台必须由专人建设、管理和维护，提升运营管理成效和发布内容质量。

第九条　加强互联网群组管理。以学校共青团或团学组织名义建立，主要用于工作交流，传播内容主要涉及团学组织事务的各类新媒体平台，如QQ、微信工作群等，实行“谁建群，谁负责”和“谁管理，谁负责”的原则，纳入创建人所在单位管理。各级学生组织、学生社团QQ、微信工作群的管理，指导老师是第一责任人；各班级团支部QQ、微信工作群的管理，班主任是第一责任人。

第十条　规范新媒体平台注册命名管理。团属新媒体平台注册命名需通过官方平台认证，禁止任何个人以学校共青团或团学组织等全称或简称命名运营。

第三章　平台内容审核与发布

第十一条　坚守正确的宣传方向和舆论导向。团属新媒体主要发布学校各级团学组织的工作动态,宣传学校发展成就,做好青年师生思想引领和信息服务,弘扬社会主旋律,传递校园正能量。

第十二条　发布内容要严格遵守《互联网信息服务管理办法》等法律法规,规范发布言论,不得发布以下相关信息或从事相关违法活动:利用信息发布权利从事危害国家安全、泄露国家秘密、违反国家法律法规等犯罪活动和违反学校规章制度的活动;有害国家统一、民族统一的言论;不健康或有碍社会治安的信息;恶意散布不实信息煽动学生情绪;邪教、反科学的言论;有损学校声誉的信息;法律、行政法规和国家规定禁止的其他内容。

第十三条　注重内容传播质量和形式。运用青年大学生喜闻乐见的形式发布,提高发布信息的可读性和吸引力,增强团属新媒体平台网络思想政治教育的凝聚力和引领力。

第十四条　建立信息发布审核机制。团属新媒体平台要强化信息发布审核意识,严格执行"先审后发"制度,对发布信息的政治性、真实性、准确性、合法性负责。各级团属新媒体平台发布信息均实行"三级审核制",校级团属新媒体平台发布内容需经责任编辑、指导老师、校团委负责同志审核;院级团属新媒体发布内容需经责任编辑、指导老师、学院(部)团委负责同志审核;各级学生社团、团支部等团学组织新媒体平台发布内容需经责任编辑、团学组织负责人、指导老师(班主任)审核。

第十五条　建立新媒体内容发布联动机制。在涉及学校重大事项、学校共青团重点工作或事件应对时,各级团属新媒体平台应根据要求统一发布相关信息,为保障学校中心工作营造良好氛围。

第十六条　建立新媒体平台互动反馈机制。团属新媒体平台运营团队要对粉丝提问作出权威、正面、积极、及时的回应，解疑释惑。对发现的网络谣言等不良信息要及时上报，在团组织的指导下做好正面引导和妥善处置。

第十七条　树立新媒体发布内容原创保护意识。团属新媒体平台转载信息要标明出处，避免出现版权纠纷等问题。

第四章　平台审核与激励

第十八条　校团委对备案的各级团属新媒体平台进行年度审核，审核内容包括制度建设、队伍建设、内容建设、运营管理等。对内容发布不准确、运营管理不规范、长期不维护不更新的平台，进行督促整改直至注销，对产生不良影响的责任人按规定予以处理。经审核，6个月以上不更新内容的新媒体平台，校团委责令其进行整改，情节严重的，责令其注销账号。

第十九条　经年度审核考评，校团委对新媒体平台运营管理成效明显的集体和新媒体工作表现突出的个人给予表彰。

第五章　平台信息安全

第二十条　建立不良信息处置机制。各级团属新媒体在管理过程中，应高度重视网络舆情，发生舆情危机时应主动予以正面回复，积极疏导；对已发布的不当信息要及时处理，如平台出现损害国家、社会、学校声誉等不良信息，须第一时间上报指导老师处理，并及时向校团委报告。给学校声誉造成不良影响的新媒体，校团委有权责令其关闭，并追究团学组织负责人相关责任。

第二十一条　建立健全保密管理责任制。严格遵守国家和学校有关保密管理相关规定，严禁发布涉密信息。未经授权，各级团属新媒体平台不得擅自发布涉及学校重大事件、突发事件和社会热点及敏感问题的相关内容，凡涉及上级相关资料及文件、学校内部办公信息或暂不宜向公众公开的事项，一律不得违规发布。

第二十二条　新媒体平台账号、管理人员、指导老师、共青团组织负责人等信息发生变更，应及时修改账号和密码，并在5个工作日内，以书面形式向校团委备案。各级团学组织要高度重视新媒体平台安全工作，不得将官方新媒体平台的用户名、密码外传。

第六章　附则

第二十三条　开通新媒体平台的各级团学组织，可参照本办法制定相应的管理办法，建立健全管理制度。

第二十四条　本办法由校团委负责解释，自印发之日起施行。

（来源：共青团苏州市职业大学委员会，2020年7月2日）

附件

苏州市职业大学团属新媒体平台备案登记表

NO. ____________（校团委填写）　　　□创建　□补办　□重要事项变更

<table>
<tr><td>创建单位</td><td colspan="2"></td><td>创建时间</td><td></td></tr>
<tr><td>新媒体平台</td><td colspan="4">微博 □　　微信公共平台 □　　QQ 公共平台 □
其他 APP 类新媒体平台□（　　　）
网络视频直播平台□（如腾讯、优酷、抖音、快手等）</td></tr>
<tr><td>账号名称</td><td colspan="2"></td><td>账号 ID</td><td></td></tr>
<tr><td>媒体链接地址或服务号</td><td colspan="2"></td><td>认证情况</td><td>□是　□否</td></tr>
<tr><td>内容范围</td><td colspan="4">对开通该团属新媒体平台的宗旨、信息发布范围等进行说明。</td></tr>
<tr><td rowspan="7">管理队伍</td><td>指导老师</td><td></td><td>学院（部）</td><td></td></tr>
<tr><td>手机号码</td><td></td><td>电子邮箱</td><td></td></tr>
<tr><td colspan="4">主要管理员信息</td></tr>
<tr><td>姓名</td><td>学号</td><td>学院、班级</td><td>手机号码</td></tr>
<tr><td></td><td></td><td></td><td></td></tr>
<tr><td></td><td></td><td></td><td></td></tr>
<tr><td></td><td></td><td></td><td></td></tr>
<tr><td>院部党总支
审批意见</td><td colspan="4">负责人签字（公章）：
年　月　日</td></tr>
<tr><td>校团委备案登记意见</td><td colspan="4">□ 同意备案登记　□不同意备案登记
负责人签字（公章）：
年　月　日</td></tr>
</table>

注：本表一式三份，由校团委、学院（部）党总支、创建单位分别留存。

二、苏州市职业大学相关媒体报道

苏州市职业大学:积极探索数字化思政教育新模式

扬子晚报·紫牛新闻记者　顾秋萍

“同学们,你知道史上‘最牛’的创新是什么吗?请扫描桌上的二维码,把答案发送到弹幕上。”5 月 20 日,苏州国际教育园学校思政课创新联盟成立仪式暨数字思政教育观摩活动在苏州市职业大学举行。在新建成的数字化思政沉浸式交互体验中心内,由苏职大思政部博士黄丹与校产业教授蔡志敏为创新创业班学生上了一堂“思政 + 专业”公开课,主题是《投身科技创新 逐梦星辰大海》。课程融合了“双主体”与“数字化”两个关键词,一经亮相就惊艳了在场师生。

对于这样别开生面的数字化思政课堂,同学们纷纷表示“触动很大,让人耳目一新。”“更形象直观了,更有现场感,更接地气,也更受教育了。”“增强了体验感和获得感,令人如沐春风、豁然开朗。”

苏州市职业大学党委书记钮雪林介绍,多年来学校积极探索思政教育改革,构建大思政格局,创新“思政 + 专业”双主体项目化思政课堂改革,以“内容融合、场域融合、资源融合”为抓手，以数字化为引领，搭建新型资源平台，改变课堂授课模式，创新学生多元考核评价体系，增强了思政课程的吸引力、说服力和感染力，激发了课堂活力，起到了潜移默化、润物无声的育人效果。

新课堂
“双主体”为引领
“思政＋专业”课程同频共振

办好高校思想政治课，需要怎样的“课堂革命”？近两年来，苏州市职业大学在创新思政教育上动作频频，稳步推进。学校立足“高品德、高技能、高适应”人才培养目标，实施思政课教学改革，一方面构建了“思政＋专业”课程模式，形成了“双主体”思政课程教学范式，拓展了思政课堂教学空间；另一方面建设以“思政课程”为核心、人文素质教育与创新创业系列课程为补充的课程体系，以数字技术为支撑、聚合课内外思政资源的“云思政”系统，校内外实训基地、校园载体环境、思政体验中心等相结合的“体验思政”平台，打造综合、立体、多元的供给方式。

学校加强思政内容供给侧结构性改革，从研究学生需求出发创设特色思政课程。注重引导学生了解与专业相关的产业发展情况、社会发展态势，关注学生学习过程和方法、情感体验和价值观，把思政课程基本理论分别与各专业的思政元素相结合，制定“思政＋专业”课程标准和实施方案。学校现已初步实现了按工程类、人文艺术类、经管类专业分类教学，以特色思政课培育学生的家国情怀、奋斗热情。新建成的数字化思政沉浸式交互体验中心，充分利用数字媒体、虚拟现实、人机交互、语音识别、人工智能等现代技术，做到“配方”新颖、内容鲜活，“包装”时尚，深受学生喜爱。

推动思政教师和专业教师组成“双主体”团队，发挥各自优势，共同研究开发课程，同向共行，协同上好一堂思政课。“新课堂注重研究教学对象特征和兴趣点、关注点，发掘地方经济文化发展实践中的热点和亮点。”思政部博士黄丹介绍。

“新课堂”打破了传统课堂的教学模式，“思政 + 专业”元素契合，同频共振，共同演绎学生难忘的思政“金牌示范公开课”24 讲；并以点带面，辐射到全校思政课程和课程思政，引领课程改革深入进行。中宣部“学习强国”平台将其作为系列慕课推出，《中国“汽车人”的精神解读》《琴筝艺术中的社会主义核心价值观》《吴文化传承与创新》《新时代下的“机器与人”》。线上与线下结合，实现了倍增的效果。

在旗帜鲜明、理直气壮办好思想政治理论课的同时，学校深入推进课程思政建设，发布《苏州市职业大学关于加强推进课程思政建设实施方案》，创新课程思政教育教学方式，促进各类课程与思想政治理论课同向同行。今年，学校利用线上推出“教授大讲堂”“‘博士天团’与你聊天”3 期 50 讲，涌现出《生活中的大数据》《苏州丝绸的“前世今生”》等一批受学生喜爱的课堂，丰富“大思政”内涵，形成全员、全过程、全方位育人氛围。

新驿站
“云思政”为补充
思政教育从云端走入学生心里

“云参观”一大会址、井冈山革命根据地、“重走”长征路，深入红色经典感悟共产党开天辟地的丰功伟业；“云对话”大国工匠、技术工匠、劳动模范，弘扬先进事迹传承工匠精神、劳模精神的不朽诗篇；“云游览”“印象苏州”“百馆之城”“古韵今风”，把握影响苏州“前世今生”的文明基因密码……在苏州市职业大学绿树掩映的书香校园里，到处可见学生在鲜艳夺目的宣传思政融媒学习驿站驻足打卡，成为该校又一道靓丽的风景线。

学校已建有10个宣传思政融媒学习驿站,含有“走进职大”“云思政”“校园之声”“校园速递”“在线读报”“智慧测评”等栏目,其中“云思政”作为思政课堂的补充,提供“思政+专业”“思政实践”“大国工匠”“红色经典”“劳模精神”“百馆之城”等学习菜单,线上、线下资源融合,供学生进行广泛性学习。学习驿站主打的“云思政”实践课程,成为最受学生们欢迎的课程之一。

该校宣传统战部部长韩承敏介绍,学校着力构建“云思政”特色资源平台,从研究学生接受新信息与新知识规律出发,顺应学生期盼,聚合了各类资源,改变了原有教学方式,线上线下、课上课下学习结合,为学生提供多样学习,创造“菜单式”随处可见学习机会和“开放式”随时随地自主学习选择,利用数字化融媒技术全校分享优质思政教育资源。

此外,学校还改变了原有的传统思政课考核标准,创设了“云思政”特色资源平台自主课堂学习评价系统,计入思政实践性教学学分,推动实施思政考核多元评价。学生在“云思政”特色资源平台学习观看视频后,可直接扫描二维码答题并提交，后台系统可以形成完整的统计数据分析，供老师准确了解学生的掌握情况。利用教学资源库“带着学分上大学”，调动了学生参与的积极性，持续推动思政教育从“云端”走入学生“心里”。

新载体
“多元化”为特色
推动思政载体百花齐放

走在苏职大校园“健身步道——人文长廊”，欣赏鸟语花香、休闲运动的同时，同学随手拿起手机扫描步道上的二维码，与官微、官网、“遇见·苏职大”思政公众号相链接的生动“职大故事”便会跃然眼前，成为融合贯通、互动性较强的校园思政新载体。

据介绍，该步道沿越来溪建设，纵横勾连贯通南北千米，集“我运动我健康”“印象苏州”“师生心语”和“诗与远方”四大主题，多面展示学校人才培养、科学研究、服务社会、文化传承创新成果，融文化小品、知识介绍、校园活动、成长故事为一体，还融入了学生手绘的校园风景及社会主义核心价值观

长卷,成为校园一道美丽风景线。

学校行政楼里,崭新敞亮的宣传思政融媒中心映入记者的眼帘。原先的校园广播台不仅搬了新家,还一举升级为校园电视台,从纯粹的声音录播转变为灵动的主播视频直播,栏目设计巧妙地将思政元素融入学生心理、职业规划等与其息息相关的日常生活,让思政教育润物细无声,学生乐享其中。

近两年来,学校党委牢牢把握当前受众的精神诉求、行为模式的新变化,信息传播技术的发展,继续推进思想政治工作“三结合”目标,理想信念教育与基本道德教育相结合、有形载体教育与无形渗透教育相结合、办实事感召教育与树先进典型教育相结合,建设完成党建思政廉政文化长廊、健身步道——人文长廊、安全通道廊桥宣传文化长廊、思政工作室、思政文化墙等一大批思政载体,多次荣获“苏州市文明校园”,连续三次荣获“江苏省文明校园”荣誉,促进了思政载体之间的多样发展、融合渗透,营造了五彩斑斓、百花齐放的浓厚氛围,让学生徜徉在校园里,随时随地都能春风化雨般感受思政教育,入脑入心。

丰富的思政教育载体创新,打通了“线上”和“线下”,“有形载体”与“无形渗透”相结合,使得苏职大思政教育工作平台得以拓展与延伸。苏州市职业大学校长曹毓民表示,一直以来,学校高度注重发挥美丽校园的环境育人功能,注重以文化人、以文育人,在“三结合”特色思政工作上持续进行实践与探索,积极构建多维度、立体化思政工作新格局,使思政教育更接地气、有朝气、聚人气,成就学生,成就老师,努力缔造出彩的职大故事。

(来源:扬子晚报,2021 年 6 月 11 日,http://epaper. yzwb. net/pc/con/202106/11/content_933747. html)

苏州市职业大学:打造"专业+思政"的双主体金牌课堂

光明日报记者　苏雁

思政课是大学生思想政治教育的主渠道和主阵地。如何发挥思政课"铸魂育人"的关键作用,如何激发思政课的课堂活力和时代魅力,这是创新思政课必须解决的问题。近年来,苏州市职业大学坚持立德树人,全面贯彻落实新时代思政课改革创新要求,依托苏州改革开放前沿的地域资源,摸索出一套"专业+思政"双主体项目化思政课改经验,多样化更新思政课的"打开方式"。

整合校内资源,双向互动融入

"很开心得到这份珍贵的礼物——新中国第一台汽车'解放牌'卡车车模,我一定会好好保管的。"第一次到学校汽车实训中心聆听三位老师同上一堂特殊的思政课,对于2018级模具设计与制造2班的李舟同学来说,既兴奋又与众不同。

苏职大依托校内汽车实训中心,推动机电工程学院汽车专业教师与思政教师共同研究开设"人类关怀与家国情怀——中国'汽车人'的精神解读"公开课,通过参观、体验、讲解等,引导学生"重学识""树匠心""育情怀",做新时代的建设者和接班人。

"非常有幸与汽车专业的两位老师合作备课、授课,他们的经验,帮我打开了视野,让我走出'自己备课、自己授课、自己评估'的'以我为主'教学模式,主动与所教班级的专业课老师开展深度合作,在教学内容与形式上进行有益的尝试,打造既有专业特色又有思政内涵的新型课堂。"有多次合作开课经验的思政部博士黄丹说。

近两年来,苏职大通过双向融入模式,在校园内进行了丰富的探索和实践,"金牌"思政课推广开来,处处开花,逐步开设了"创新是强国兴业的灵魂""坚定文化自信——吴文化传承与创新"等精品思政课。此外,学校还组成"专业+思政"双主体项目化研究团队,共同研究开发课程,既让"专业的人做专业的事",又彰显合体后"有趣的思想",实现"知识传授"和"价值引领"有机统一。

融合校企资源,联袂打造精品

2019年12月3日,计算机工程学院的新生们迎来了一堂趣味横生的思政公开课。由苏职大思政部博士张贺与苏州科茵斯智能科技有限公司总经理、苏州市职业大学博众凡赛斯自动化学院院长蔡志敏一起讲授关于《新时代下的"机器与人"》,引发了价值追问。现场有130多名师生参加,雷鸣般的掌声接连响起。

聆听完公开课之后,2019级计算机应用技术2班的学生们心潮澎湃,"这次经历是在同一课堂有两位老师授课,授课内容中也有很多切合实际的例子,通俗易懂,令我受益匪浅。"学生王若岚说。

"上一堂这样的思政课肯定要比平时备课付出更多,不仅要系统梳理相关理论,还要放在新时代技术革命和产业变革的大背景下,善于借用'企业家思维',理论和实践相结合,才能让学生真切感受到生产力发展带来的最新变化,肩负起时代赋予的历史使命。这样,课堂的效果也就达到了。"张贺表示。

这样的高水平思政"金课",在苏职大已积累20讲,是该校思政课改革创新的一个缩影。目前,苏职大已与400多家企业确立了校企合作关系,与企业、行业协会等共建企业(行业)学院19个。学校借助雄厚的校企合作力量,积极组织师生走进企业、到生产一线观摩体验,推动思政教育与产业大咖、企业CEO、人力资源经理、国家级技能大师同上一堂课,让学生感受苏州改革开放的新成果和新知识的魅力。

共享校地资源，提升育人效力

“实地欣赏，趁热打铁。边参观边学习让本来有些枯燥的知识点，轻松地在我脑海中跳跃，拓宽了我的眼界。”走出苏州丝绸博物馆的思政课堂，2019 级学前教育 1 班的何萱掩饰不住内心的激动。

这堂特色鲜明的思政课，题为“丝缕流光，锦绣华章——蚕桑丝绸中的中国印记”，由思政教师与省级漳缎传承人共同主讲。发挥苏州丝绸博物馆“苏州市爱国主义教育基地”“江苏省科普教育基地”的思政教育功能，挖掘宋锦和漳缎非遗传承中的思政元素，校地深度融合共同育人。

课程设计通过对一只蚕、一棵桑树、一根丝线、一台织机、一方锦绣、一条丝绸之路、一代代丝绸人的梳理，呈现出一条完整的中华丝绸文明的发展线索和脉络。在参观的基础上，采用思政教师和丝绸专家双主体授课形式，既有专业知识的深度介绍，又将专业的内容置于思政元素的解读和引领之下。

此外，苏职大还与苏州革命博物馆合作推出“真理的力量：让革命文物告诉你”，通过参观苏州解放 70 年历史展，解读解放苏州过程中的三个革命文物，聆听学生参与讲解文物背后的故事，进行爱国主义教育。苏州革命博物馆宣教部主任时惜微表示，馆校深度合作，既充分发挥了红色资源的育人功能，又能引导大学生在博物馆的实境中感受革命精神。

近年来，苏职大积极推动馆校合作、校地合作，利用苏州“百馆之城”的地域文化资源优势，并将各种资源中的思政元素与思政课程叠加、深度融合。“从校内合作，到校企合作、校地合作，沿着‘专业 + 思政’双主体项目化思政课改的脉络，我们学校的思政课一定会走向更广阔的天地。”苏州市职业大学党委书记钮雪林说。

（来源：光明日报，2020 年 1 月 4 日，http://www.moe.gov.cn/jyb_xwfb/xw_zt/moe_357/jyzt_2019n/2019_zt3/zt1903_gzdf/202001/t20200106_414486.html）

苏州国际教育园学校思政课创新联盟在苏州市职业大学成立

交汇点记者　陈诚

“同学们,你知道史上‘最牛’的创新是什么吗?请扫描桌上的二维码,把答案发送在弹幕上。”今天(5 月 20 日)上午,一堂别开生面的数字思政教育观摩课在苏州市职业大学上演。

走进位于苏州市职业大学的数字化思政沉浸式交互体验中心,思政部教师黄丹与苏州科茵斯智能科技有限公司总经理蔡志敏正共同为 2020 级智能制造专业班的学生们讲授思修课《投身科技创新 逐梦星辰大海》。手指轻轻一点,黄丹从数字思政资源库中抓取出所需的资料,投射在课堂中的环绕式大屏上,学生们的课桌椅根据需要自由摆放组合,听课中产生的疑问或感悟可以随时分享到弹幕,涉及科研专业领域的内容则由“业界达人”蔡志敏进行补充。

这种沉浸式的交互体验，给看似枯燥的思政课插上了充满想象力的翅膀，学生们听的神情投入。“从13人代表到9100万党员，从嘉兴南湖到走向全世界，最‘牛’的创新正是我们中国共产党的诞生。”课堂的最后，黄丹给出了问题的答案。

一堂课，两位老师共同讲授，这是苏州市职业大学近两年积极探索的“思政+专业”双主体教学新模式。通过整合苏州地域资源和各学院专业教师力量，推动思政教师与专业教师、国家级技能大师、企业CEO、人力资源经理、文化传承人、优秀毕业生等共同参与研究开发课程，为学生上好每一堂思政课。不仅仅在智能化的教室，学校还把思政课堂搬进了亨通、友达光电等知名企业，并走进苏州革命博物馆、苏州丝绸博物馆等阵地。其中《中国“汽车人”的精神解读》《吴文化传承与创新》等4堂课程还被选入中宣部“学习强国”慕课平台。

截至目前，苏州市职业大学已重点突破完成了数字思政“五个一”工程，即一个数字化思政沉浸式交互体验中心、一个融媒管理中心、一批数字化融媒学习驿站、一个数字化资源库、一个“云思政”考核平台。从信息时代“流量一代”大学生的需求角度出发，创新建设具有自主知识产权的数字化思政课堂，将虚拟现实技术与课堂教学相融合，为学生打造高度沉浸感、可交互、体验式的三维互动学习环境。

“网络时代，学生接触信息的来源和渠道大大增加，这种更接地气、更具创意的授课方式，很大程度的避免了思政课堂‘自说自话’的情境。”黄丹告诉记者，思政课程的设计还充分考虑到了学生们的专业背景，比如为纺织专业学生准备的《蚕桑丝绸中的中国印记》课程，在专业素养的熏陶中融入思政元素，让学生感受到思政课与历史、社会的联系。

漫步在苏州市职业大学绿树掩映的校园中，随处可见学生们在宣传思政融媒学习驿站前驻足打卡。作为思政课堂的补充，这座多媒体驿站上面提供着“思政实践”“大国工匠”“红色经典”“劳模精神”等学习菜单，学生们能以 VR 视角“云”观看一大会址、井冈山革命根据地、“重走”长征路。

“我们思政课的平时成绩也是在驿站上获得，这种形式让大家更愿意看、愿意学。”2020 级科技创新班学生方振东为记者进行了演示，在菜单上的

“云思政”特色资源平台观看完视频后,扫描二维码进行答题。系统即时给出了加权成绩,显示成绩已计入到思政实践性教学学分。

“‘云思政’作为基于移动端的智慧测评系统实现了多元化的评价方式,改变原有传统思政课考核标准,已经成为学生们热衷点击的板块。”苏州市职业大学宣传统战部部长韩承敏介绍,学生们完成考核后,后台系统还能形成完整的统计数据分析,每个版块的受欢迎程度及学习效果,一目了然。

苏职大的探索还在深入。当天,“苏州国际教育园学校思政课创新联盟”在该校揭牌,与苏州科技大学、苏州城市学院、苏州工艺美术职业技术学院等12所学校一道,将在平台建设及思政课创新实践中打破体制机制屏障和校际壁垒。

“思想政治教育载体的多样化发展、互动性发展、融合式发展,打通了线上线下,让‘有形载体’与‘无形渗透’相结合,使思政教育工作平台得以拓展与延伸。”苏州市职业大学党委书记钮雪林表示,这一创新模式将改变以往各校“思政课”单打独斗局面,变传统思政教育为“浸润式思政”,让思政教育资源相互对接,深入推进思政课一体化建设。

(来源:交汇点,2021年5月20日,https://jnews.xhby.net/v3/waparticles/61/iA76VNceOC4dsBJr/1)

打造“流量一代”大学生喜爱的思政课

——苏州市职业大学探索数字化思政教改新模式

光明日报记者 苏雁

“风在吼，马在叫，黄河在咆哮，黄河在咆哮……”丹桂飘香、国旗招展的苏州市职业大学校园里，中国红镶边的“宣传思政融媒学习驿站”前，同学们纷纷驻足打卡。歌声来自思政部副教授沈洁与艺术学院副教授谢丹共同为艺术学院学生上的一堂“专业＋思政”双主体思政金课——《跟随音乐的脚步 探寻爱国的情怀》。借助数字技术带来的思政课堂全面升级，来自全校的学生随时随地可以感受到与此相同的精神震撼。

多年来，学校立足培养高素质技术技能型、应用型人才，特别注意引导学生了解产业发展情况、社会发展态势，特别关注学生学习的过程和方法、情感体验与价值观。为此，学校从思政内容供给侧改革出发，把思政课程基本理论分别与各专业的思政元素相结合，打破传统课堂教学模式，构建了“思政＋专业”课程模式，引领思政课程与课程思政同向同行，摸索出一条技术赋能的数字化思政教改创新之路。

2017 年以来，学校开始组建“思政＋专业”双主体师资团队，促进“思政＋专业”同频共振。国家级技能大师、企业 CEO、人力资源经理、非遗传承人、文博专家、优秀毕业生等纷纷走进校园，“双主体”团队发挥各自专业背景优势，合作研究、共同选题、共拟教案、设计课堂、同堂授课。

学校每年组织思政课教师定期开展“走基地、看变化、改教法”活动，到苏州经济文化发展前沿阵地参观学习，让思政课教师结合所讲课程汲取更多鲜活的素材。将专业中的思政元素以及地方经济文化发展中提炼的思政要素，切入政治认同、家国情怀、文化素养、道德修养等内容，融入社会主义核心价值观、中华优秀传统文化等思政教育中,推进形成“思政 + 专业”模式。

目前,苏州市职业大学已推出“思政金课”27 讲,并在线上分享,5 堂课入选“学习强国”慕课平台。“坚定文化自信——吴文化传承与创新”“丝缕流光,锦绣华章——蚕桑丝绸中的中国印记”“爱国、和谐、友善——琴筝艺术中的社会主义核心价值观”等,成为受学生喜爱的思政课。学生课后反响热烈。“在这之前,我从未觉得思政课的教学是如此的新颖有趣,令人难忘。”2020 级科技创新班学生方振东说。

“信息技术的飞速发展带来了一系列颠覆式的变革。当代青年大学生是网络原住民,生活方式、交往方式、思维模式都呈现了与互联网共生共融的新态势。面对‘流量一代’的当代大学生,现代技术的进步正倒逼高校思政教育改革。”该校宣传统战部部长韩承敏说。

思想政治教育载体的多样化发展、互动性发展、融合式发展,使思政教育工作平台得以拓展与延伸。苏州市职业大学党委书记钮雪林表示,一直以来,学校党委高度注重发挥美丽校园的环境育人功能,注重以文化人、以文育人,在“三结合”特色思政工作上持续进行实践与探索,积极构建多维度、立体化思政工作新格局,成就学生,成就老师,努力缔造出彩的职大故事,形成了新时代思想政治教育创新发展的强大驱动力。

(来源:光明日报,2021 年 10 月 28 日,https://news. gmw. cn/2021-10/28/content_35266569. htm)

数字化思政沉浸式交互体验中心亮相

——苏职大持续创新校园思政载体建设

苏报记者 袁艺

本周，在苏州国际教育园学校思政课创新联盟成立仪式上，苏州市职业大学数字化思政沉浸式交互体验中心正式亮相。该中心运用环绕式大屏、三分屏、移动式轨道屏等手段，配合数字资源库海量党史、科技、军事、文化、法制、道德等多媒体资源，带来了全新的研学氛围。

今天在苏职大数字化思政沉浸式交互体验中心呈现的是一堂“思政+专业”双主体公开课，由苏职大思政部教师黄丹与产校合作博众·凡赛斯自动化学院院长、产业教授蔡志敏共同为创新创业班学生授课。教师讲述和交互体验结合，弹幕及时反映和回馈学习情况，课桌椅也可以自由组合，为学生打造不同主题的逼真场景，一系列的手段创建有感染力的内容空间，让学生全方位体验沉浸式感受。

学校行政楼里，崭新敞亮的宣传思政融媒中心映入记者的眼帘。原先的校园广播台不仅搬了新家，还一举升级为校园电视台，从纯粹的声音录播转变为灵动的主播视频直播，栏目设计巧妙地将思政元素融入学生心理、职业规划等与息息相关的日常生活，让思政教育润物细无声，学生乐享其中。

漫步苏职大校园，教学楼边、实训室前、宿舍公寓里……一面面“小红墙”成了高高扬起的思政融媒宣传旗帜。这便是该校新建成的10个宣传思政融媒学习驿站。学习驿站里，声与影交会，人与机互动，思政元素在校园里自由流转。在这里，“云思政”作为主打栏目，已成为前期学生热衷点击的板块。

据苏职大宣传部部长韩承敏介绍，“云思政”主要以学生喜闻乐见的视频形式呈现,配以图片与文字。学生可以随时随地来到驿站前,学习课堂外的经典知识慕课、热门双主体思政金课等诸多优质课程,其中思政实践模块尤为特别,学生不用身临现场,就可以通过视频及文字了解校园思政实践教育基地的前世今生。"对于这部分,学校还设置了思政实践考核,学生在学习过视频后,可扫二维码答题并提交,老师可以在后台准确了解到学生的掌握情况,"韩承敏说,"后台系统还能形成完整的统计数据分析,每个板块的受欢迎程度及学习效果,一键见分晓。"

苏职大党委书记钮雪林表示,近两年来,学校党委深入推进思想政治工作"三结合"目标,理想信念教育与基本道德教育相结合、有形载体教育与无形渗透教育相结合、办实事感召教育与树先进典型教育相结合,创新校园思政载体建设,让思政教育在大学生中随时随地可学,随心所欲爱学,进一步提升思政教育的现实感、吸引力和感染力。今后,苏职大将在"三结合"特色思政工作上持续进行实践与探索,积极构建多维度、立体化思政工作新格局,成就学生,成就老师,努力缔造出彩的职大故事。

(来源:苏州日报,2021 年 5 月 24 日,https://app. suzhou-news. cn/e_papers/article? article_id = 11700413)

苏州市职业大学:以美育人 以德树人 以爱感人

苏报记者 木淼

樱花飞燕的温雅俊逸,梅兰竹菊的风雅高洁,花香鸟鸣的清浅柔美,一幅幅浓墨重彩勾勒的花鸟画异彩纷呈、让人陶醉……近日,在苏州市职业大学吴门花鸟画艺术研究院举行的“百年吴门花鸟画展”,80 幅优秀吴门花鸟作品精彩亮相,打造了一场美轮美奂的美育盛宴。

美育教育在学生心中播撒美的种子,思政教育为学生树立正确的价值引领,生命教育唤醒学生生命自觉的过程……近年来,苏州市职业大学坚持“立德树人”根本任务,多措并举全力培养新时代德智体美劳全面发展的社会主义建设者和接班人。

美育教育:
播撒美的种子

“在这里,是主持人又是导师,是演员又是观众,身份和视角自由切换,观众演员随机访谈”,该校大学生艺术团实践实验汇报演出——《追光灯下的美育课堂》,以其崭新的呈现形式受到大学生的喜爱。“经过 14 年的风雨历程,我校大学生艺术团现已成为在校大学生展现文艺才能、提升艺术品位、服务社会大众的舞台,通过走进剧场、走进食堂、走进社区等主题展演活动,将暖流与感动融入更多人的心田,为人们埋下美的种子,让艺术之花处处开放。”该校公共艺术教育中心主任范政说。

“原来,课堂还有这样的魅力,我所收获的绝不仅仅是感动,它还将继续影响我今后的生活。”“如王老师所说,努力塑造美好的形象,拥有美好的内心、发现美的眼睛和创造美的才能。”像这样的学生评语,“学习通”上还有很多。

苏州市职业大学历来重视美育育人工作，挖掘地域文化资源，整合多方教育资源，延展美育教学，活化美育课堂，取得了良好成效。持续开展“高雅艺术进校园”“地方戏曲进校园”“优秀传统文化进校园”等活动，增强第二课堂的吸引力感染力。不断拓展校地合作，实施乡土技能人才传承与保护，聘请中国工艺美术大师担任兼职教授，建设国家级技能大师工作室等，营造浓厚的校园文化美育育人的氛围。

“将美育育人与人才培养、教育教学、师资队伍、校园文化、对外交流等各方面工作紧密结合起来，整体推进美育举措，持续增强美育力度，深度营造美育氛围，进一步推动学校艺术人文素养的特色创建。”苏州市职业大学党委书记钮雪林表示。

思政教育：

打好育人底色

“一代又一代中国‘汽车人’的努力，让充满人文关怀的汽车‘飞入寻常百姓家’，让诗和远方成为可能……”思政部博士黄丹和机电工程学院教师陆建康正在上一堂双主体思政“金牌示范公开课”。台上两人讲得声情并茂，台下师生听得入耳入心。而在网络客户端，中宣部“学习强国”平台推出苏州市职业大学思政“金牌示范公开课”系列慕课，《中国“汽车人”的精神解读》《琴筝艺术中的社会主义核心价值观》《吴文化传承与创新》《新时代下的“机器与人”》，再次吸引了大家的注意。

这仅仅是苏州市职业大学推进思政工作创新、落实“三全育人”的一个缩影。近两年来，学校围绕党委提出的思政工作“三结合”目标，充分发挥思政课主渠道作用，深化“思政＋专业”双主体思政课程教改，将思政小课堂同社会大课堂结合起来，摸索出一套“双主体三融合”思政课改经验，打造双主体思政“金牌示范公开课”2 年 20 讲，丰富“大思政”内涵，形成全员、全过程、全方位育人氛围。

在旗帜鲜明、理直气壮办好思想政治理论课的同时，学校深入推进课程思政建设，发布《苏州市职业大学关于加强推进课程思政建设实施方案》，创新课程思政教育教学方式，促进各类课程与思想政治理论课同向同行。今年，学校利用线上推出“教授大讲堂”“‘博士天团’与你聊天”2期40讲，涌现出《生活中的大数据》《苏州丝绸的“前世今生”》等一批受学生喜爱的课堂，达到学生喜闻乐见和深入浅出的效果。

此外，学校不断创新思政载体建设，多措并举开展大学生思政育人工作。加强惠和楼党建思政廉政文化长廊、健身步道——人文长廊、安全通道廊桥宣传文化长廊、思政文化墙、思政工作室等一大批载体建设，做大做强正面宣传，传播主旋律、弘扬正能量。

生命教育：
筑牢安防后盾

“模拟真实情境下的逃生体验，让我们了解了更多防火逃生知识，增强了心理承受能力及安全自救意识。”计算机工程学院19计算机应用技术(2)班孟恩同学正手捂口鼻，迅速有序地从通道口撤离“火灾”现场。在苏州市职业大学，消防应急疏散演练早已常态化，学校要求各学院(部)每学期都要开展教学楼、宿舍楼区域的消防应急疏散演练，每一次演练都在为生命演习。

苏州市职业大学校长曹毓民认为：“教育是一项关注生命的事业，是用生命影响生命，不断唤醒学生生命自觉的过程。让养成教育与生命同行，让‘追求美好生活’成为当代大学生的人生自觉，不断提升获得感和幸福感。”

在注重生命关怀的同时，学校着力打造智慧安防校园，以细化落实安全责任为抓手，以人工智能安防系统建设为引领，整合校园信息化资源，为师生生命财产安全保驾护航。学校建成可视化校园智慧消防平台、人工智能校园安防系统，按照“全校覆盖、全网共享、全时共用、全程可控”的目标，在全校织密形成“三道电子防线（校门、河道、楼顶）”“三张技防网（人员、车辆、重点区域）”，实现校园技防智能化、可视化、实时化。

自动扫描、智能识别、刷脸出入……据该校保卫处处长丁虎介绍，人工智能校园安防系统在疫情防控中，确实起到了非常大的作用，能够有效预防外来陌生人员进校，成为驻守学校安防的第一道关卡。

此外，学校充分发挥苏州市大学生应急救护培训基地、大学生安全应急体验馆、抗挫折教育体验馆的育人功能，并辐射到社会。在服务学校师生开展应急救护知识普及培训的同时，面向苏州国际教育园、苏州市中小学、街道社区开展公益性应急救护知识科普活动等，多次承办省市级应急救护师资培训、技能竞赛，发挥社会服务功能。2019 年，学校大学生应急救护培训基地获评江苏省“优秀红十字志愿服务组织”。

（来源：苏州日报，2020 年 12 月 14 日，https://www. jssvc. edu. cn/xww/mtjj/202012/t20201214_40033. shtml）

图书在版编目(CIP)数据

融媒时代高校思想政治教育理论与实践探索 / 钮雪林编著. -- 北京 : 中国传媒大学出版社, 2022.6
ISBN 978-7-5657-3403-8

Ⅰ. ①融…　Ⅱ. ①钮…　Ⅲ. ①高等学校—思想政治教育—研究—中国　Ⅳ. ①G641

中国国家版本馆 CIP 数据核字(2023)第 000296 号

融媒时代高校思想政治教育理论与实践探索
RONGMEI SHIDAI GAOXIAO SIXIANG ZHENGZHI JIAOYU LILUN YU SHIJIAN TANSUO

编　　著 钮雪林
责任编辑 于水莲
封面设计 拓美设计
责任印制 阳金洲

出版发行 中国传媒大学出版社
社　　址 北京市朝阳区定福庄东街 1 号　　**邮　　编** 100024
电　　话 86-10-65450528　65450532　　**传　　真** 65779405
网　　址 http://cucp.cuc.edu.cn
经　　销 全国新华书店

印　　刷 唐山玺诚印务有限公司
开　　本 787mm×1092mm　1/16
印　　张 14.25
字　　数 200 千字
版　　次 2022 年 6 月第 1 版
印　　次 2022 年 6 月第 1 次印刷

书　　号 ISBN 978-7-5657-3403-8/G · 3403　　**定　　价** 68.00 元

本社法律顾问：北京嘉润律师事务所　郭建平